Fühlen – Wahrnehmen – Bewegen – Denken im Spiel

W0227220

Manfred Polzin

FÜHLEN – WAHRNEHMEN – BEWEGEN – DENKEN IM SPIEL

edition: gruppe & spiel

Kallmeyersche Verlagsbuchhandlung

Die Deutsche Bibliothek – CIP-Einheitsaufnahme

Polzin, Manfred:
Fühlen - Wahrnehmen - Bewegen - Denken im Spiel / Manfred Polzin.
– Seelze-Velber : Kallmeyer, 1998
       (Edition: Gruppe & Spiel)
       ISBN 3-7800-5807-3

Impressum
Fühlen • Wahrnehmen • Bewegen • Denken im Spiel. Manfred Polzin

© 1998 by Kallmeyer'sche Verlagsbuchhandlung GmbH, 30926 Seelze-Velber
Alle Rechte vorbehalten. Ohne schriftliches Einverständnis des Verlages darf kein Teil
dieses Werkes in irgendeiner Weise veröffentlicht oder in elektronische Datensyste-
me aufgenommen und gespeichert werden.

Titel: Detlef Grove
Lektorat: Petra Druschky

Druck: Ludwig Auer GmbH
Printed in Germany

ISBN 3-7800-5807-3

Einleitung 8

Spielesammlung 22

Fühlen/Empfinden

Wahrnehmen

Bewegen

Einleitung

Noch eine Spielesammlung? Ist das denn notwendig? Eine berechtigte Frage, der sich auch diese Spielesammlung stellen muss.

Und die Antwort?
Diese Sammlung von Spielen ist erstmals 1985 mit dem Titel „Spiele für Kinder in der Schule" in gehefteter Fassung erschienen und seitdem immer wieder und immer noch nachgefragt worden. Längst ist durch Rückmeldungen deutlich geworden, dass sie über den eingegrenzten Bereich „Kinder in der Schule" – für den sie ursprünglich entstanden war – weit hinausgehend erfolgreich verwendet wird:
– in Gruppen von Kindern, Jugendlichen und Erwachsenen,
– bei vielen alltäglichen und besonderen Gelegenheiten innerhalb und außerhalb schulischen Lebens und Lernens: auf Geburtstagen, bei Straßenfesten ...

Hier scheint sich ein Auswahlkriterium über die Schule hinaus bewährt zu haben, das für die ursprüngliche Fassung den Blick leitete: Es sollten Spiele sein, die an unterschiedlichen Orten (Klassenraum, Aula, Schulhof, Wiese, Sporthalle) und in unterschiedlichen Situationen schulischen Lebens (Spielstunden, Klassenfest, Schullandheim, Pausen ...) gespielt werden können.
Mir ging und geht es nicht um die Menge der hier versammelten Spiele, denn wie viele (oder besser wie wenige) Spiele werden zu einem festen Spielrepertoire einer Gruppe? Auch ist keines der Spiele von mir erfunden worden.
Viel bedeutsamer als diese Aspekte (die Vielzahl, das Selbst-Erfundene) scheinen drei Gesichtspunkte zu sein, auf die bei Rückmeldungen ebenfalls immer wieder hingewiesen wurde:
– der exemplarische Fundus für Spiele, die ihren Sinn in sich selbst

tragen, für lustvolles und gegenwartsbezogenes „Spiel an sich",
- die Gliederung der Spiele nach den Kategorien Fühlen/Empfin-
  den, Wahrnehmen, Bewegen, Denken/Problemlösen, die den
  Blick der Auswählenden schärft und sie sensibilisiert für die Spielsituation, ohne zu vernachlässigen, dass es in der Ganzheit des
  Spiels nur um jeweilige Schwerpunktsetzungen gehen kann,
  und
- der Versuch, die Spiele auf ihren wesentlichen Kern, die zugrunde liegende Spielidee (die unverzichtbaren Regeln) zu re-
  duzieren, um jede Gruppe zur gemeinsamen, kreativen Ausgestaltung der Spielidee herauszufordern.

Die Spielesammlung von 1985 liegt hier nun in völlig überarbeite-
ter Fassung vor, ist aber in ihren Grundzügen und ihrer Grundori-
entierung gleich geblieben. Alle Spiele wurden überarbeitet und
ergänzt; manche – mir inzwischen ungeeignet erscheinende –
weggelassen. Die einleitenden Abschnitte wurden nahezu vollständig neu verfasst und aktualisiert. Es würde mich freuen, wenn
die Spielesammlung auch in dieser Buchfassung das Spielen berei-
chern könnte.

1. Welchen Sinn diese Spielesammlung haben soll

Der Sinn dieser Spielesammlung ist das Spielen! Das Spielen als ein
vielschichtiger Prozess des ständigen Auslotens und Ausspielens
von Möglichkeiten und als ein unaufhörliches Suchen und Versuchen der Verständigung mit Mitspielern und Mitspielerinnen. Sie
selbst – die Spielenden – sind für mich die ihr Spiel bestimmenden
Subjekte; darauf sollten das Spielen Anleitende bzw. Initiierende
(z. B. Lehrerinnen und Lehrer) hinarbeiten. Gelingendes Spiel ist ge-

kennzeichnet durch das Gefühl der Spielenden, zu dieser Gruppe zu gehören, sich darin wohlzufühlen, von den anderen geachtet zu werden, und durch die gemeinsame Freude im und am Spiel. Spielverderber, Ausscheiden als Grundprinzip, Auslachen haben hier keinen Platz – stattdessen: gemeinsames Lachen.

Eine Betonung des Emotionalen wird hier evident. Unser Handeln wird (nicht nur im Spiel) viel stärker von Emotionen geleitet, als wir es oft wahrhaben möchten und als wissenschaftlich begründete Praxis (besonders auch pädagogische) uns vermitteln möchte. Wo aber gibt es kognitive Prozesse ohne emotionale Anteile?

Etwas wie soziales Wohlbefinden im und durch gemeinsames und angenehmes Spielen – die Herstellung einer bestimmten Spielatmosphäre – schimmert als ein wesentlicher Sinn dieser Spielesammlung hervor. Das ist durchaus eine Zwecksetzung, aber sie verbleibt innerhalb des Spielens, wenn es nicht gleichzeitig, z. B. in der Schule, heißt: „Wenn ihr eure Arbeitsbögen fertig habt, dann dürft ihr noch etwas Schönes spielen." Dahinter verstecken sich Absichten: das Spiel als Abwechslung, Erholung, Entspannung; als Kompensation für die Lernfächer bzw. ein kopflastiges (kognitionsbestimmtes) Lernen.

Vor dieser und jeglicher anderen Verzweckung und Vereinnahmung des Spielens in der Schule möchte ich dringend warnen, denn wenn das Spielen nur als zweckhaftes Tun erfahren wird, sind Folgen für das Spielverhalten auch außerhalb der Schule zu befürchten (z. B. Spielverweigerung):

– Spiele können ruhig auch einmal bestimmten Zwecken dienen: zur Entspannung und Erholung nach anstrengenden Lernabschnitten; als didaktische Spiele zur interessanteren Gestaltung von Lernprozessen, zum sozialen Lernen innerhalb einer Klassengemeinschaft; zur vielfältigen und umfassenden Entfaltung der Sinne (vgl. Kükelhaus/zur Lippe 1982); zur Schaffung einer Gruppenatmosphäre,

- Kinder dürfen das Spielen in der Schule aber nicht als eine Tätigkeit erleben, die immer für etwas anderes (und nicht das Spielen selbst) getan wird,
- Spiele haben ihren eigenen Charakter, ihren eigenen Stellenwert, deshalb brauchen sie ihren eigenen Raum, ihre eigene Zeit, ihre eigene Freiheit ...

Spiele sind (vor allem im Sport) immer mehr Wettkampf- und Konkurrenzspiele geworden. Ein Beispiel dafür ist das Buch von Döbler (1984), das die z. Zt. wohl umfassendste Sammlung von Spielen enthält, aber sehr stark an den Wettkampfprinzipien der Sportspiele orientiert ist. Dabei treten das Gewinnen (oft um jeden Preis) und Verlieren, das Besiegen und Besiegtwerden, der Leistungsvergleich und die Produktion eines Ergebnisses manchmal nahezu allein herrschend in den Vordergrund – mit der häufigen Folge, dass – bedingt durch strukturelle Gleichartigkeit – immer dieselben verlieren und immer dieselben gewinnen.

Eine Gegenbewegung (z. B. Orlick: Kooperative Spiele) hat vor Jahren begonnen und umfasst alle Schattierungen bis hin zur Proklamation von „Spielen ohne Sieger". Kann das gehen? Gibt es dann noch die notwendige Spannung/Erregung im Spiel, die es erst lebendig macht? Vielleicht dann, wenn wir den Akzent auf den tatsächlichen Spielvollzug legen, bei dem es nicht vorrangig darauf ankommt,

- errungene Punkte zu zählen, sondern das Spiel nach einem Zwischenergebnis wieder in Gang zu setzen,
- Spielende auszuscheiden, sondern sie nach zwischenzeitlichem Ausscheiden in die nächste Spielrunde wieder zu integrieren,
- Leistungen zu vergleichen, sondern Fertigkeiten und Können zum Gelingen des gemeinsamen Spiels einzusetzen,
- einen Sieger herauszustellen.

Wettkampf und Konkurrenz hängen auch davon ab, wie Spiele gespielt und angeleitet werden, wie und in welche Richtung Spielleiterin oder Spielleiter, Lehrerin oder Lehrer ein Spiel entwickeln, welche Aspekte der Spielidee sie oder er betonen oder durch Zusatzregeln und Spielvariationen ergänzen.

2. Fühlen – Wahrnehmen – Bewegen – Denken:
Warum die Spiele auf diese Weise gegliedert wurden

Johan Huizingas Spielbegriff weist eine schon fast unüberschaubare (und nicht unkritisiert gebliebene) Weite auf, die nicht nur irritiert, sondern auch zu fruchtbarer Auseinandersetzung provoziert. Er spricht „vom Ursprung der Kultur im Spiel", sieht also das Spiel als ein grundlegendes Element unserer Kultur an. Die Dichtung, das Recht, die Wissenschaft, die Bildende Kunst, die Philosophie – ganze Bereiche unserer Kultur hätten sich ohne das Spielen nicht entwickelt. Der Denker (homo sapiens) und der Tätige (homo faber) wären nicht vorstellbar ohne den Spieler (homo ludens).

Dem kann ich im Grundsätzlichen (besonders im Hinblick auf die Wertschätzung des Spiels) viel abgewinnen – für die Gliederung der hier versammelten Spiele bringt es nicht weiter.

Ein Blick auf Roger Caillois (Die Spiele und die Menschen) scheint mir da erfolgversprechender. Er schlägt als Grundkategorien die Einteilung der Spiele in vier Hauptrubriken vor, die er folgendermaßen benennt und kennzeichnet (je nach dem vorherrschenden Moment innerhalb des Spiels (vgl. Caillois 1982, S. 18 ff.):

1. Agôn: Wettstreit, Wettkampf
    Man spielt Fußball, Billard oder Schach.
2. Alea: Zufall, Würfelglück, Chance
    Man spielt Roulette oder Lotterie.
3. Mimicry: Maskierung, Verkleidung, Verstellung
    Man spielt Seeräuber, Hamlet oder Nero.

4. Ilinx: Rausch, Fallschirmspringen, Bunjee-Jumping
   Man spielt, um durch eine rapide Rotations- oder
   Fallbewegung in sich selbst einen organischen Zustand
   der Verwirrung und des Außersichseins hervorzurufen.
   Das scheint im Hinblick auf die von mir versammelten Spiele be-
   langlos bzw. weitgehend unzutreffend zu sein. Caillois geht jedoch
   weiter, indem er innerhalb jeder der vier Hauptrubriken zwei ent-
   gegengesetzte Pole unterscheidet, zwischen denen das jeweilige
   Spiel einzureihen ist. Den einen Pol nennt er „paidia", den anderen „ludus".

„paidia" – das gemeinsame Prinzip des Vergnügens, der freien Im-
provisation und der unbekümmerten Lebensfreude, eine gewisse
unkontrollierte Phantasie – Lärm, Bewegung, unbändiges Gelächter

„ludus" – ein wachsendes Bedürfnis, die anarchische Natur will-
kürlichen, gebieterischen und absichtlich hemmenden Konventio-
nen zu unterwerfen, also eine zunehmende Verregelung.

Konkretisiert für die Hauptrubrik Mimicry bedeutet das: von kind-
licher Nachahmung, Illusionsspielen, Puppen, Rüstung, Masken,
Travestie (paidia) zu Theater und Schaukünsten im Allgemeinen
(ludus).

Nun zeichnet sich klarer ab, wie sich diese Ordnungsversuche zu
der vorliegenden Spielesammlung verhalten:

– Da ich Spiele für Gruppen ausgewählt habe, fallen Spiele zur Kategorie Ilinx heraus, da sie in weit überwiegendem Maße individuell orientiert sind.

– Die ausgewählten Spiele gehören den ersten drei Kategorien an
  und innerhalb dieser Kategorien sind sie dem Pol „paidia" näher
  als dem Pol „ludus": Im Mittelpunkt steht die Kernidee des
  Spiels, befreit von allen überflüssigen Regeln (das wunderbare
  „unbändige" Gelächter). Auf der Basis dieser jeweiligen Kernidee stehen den Spielgruppen alle Gestaltungen mit Regeln und
  Variationen offen.

Warum fällt es uns manchmal so schwer, nach dem Prinzip „Alles, was nicht verboten ist, ist erlaubt!" zu spielen? (Das gilt natürlich nur für Spiele ohne Verletzungsgefahr!) Die konkreten Verhaltensweisen im offenen Spiel eröffnen wichtige Verständigungsanlässe für Gruppen, die sicherlich oft in die Frage münden: Wem nützt dieses Spielverhalten? Es kann dem egoistischen Spielziel des Einzelnen ebenso nützen wie dem Spielvergnügen der ganzen Gruppe. Kreativität im Spiel ist nicht neutral. Trotz der unbestreitbaren Vorzüge der vier Hauptrubriken von Caillois habe ich mich bei der Gliederung der Spiele in dieser Spielesammlung anders entschieden. Ich beziehe mich dabei auf einen Begriff des Ästhetischen bzw. der ästhetischen Erziehung, wie er dem Bremer Ausbildungskonzept des Lernbereichs Ästhetische Erziehung (Kunst/Musik/Sport) zugrunde liegt, in dem das Spielen eine der zentralen Kategorien darstellt (vgl. Matthies/Polzin/Schmitt 1987, Polzin 1992 und Duderstadt 1996). Der diesem Ausbildungskonzept zugrunde liegende Ästhetik-Begriff geht mit Baumgarten zurück auf das griechische Wort „aisthesis", mit dem zum einen Wahrnehmungen aller Art gemeint sind (die umfassende sinnliche Wahrnehmung) und das zum anderen in seiner ursprünglichen Bedeutung emotionale und kognitive Anteile umfasst, sich also auf Gefühlskräfte (Fühlen, Empfinden) und auf Verstandeskräfte (Erkennen, Begreifen, Verstehen) bezieht (vgl. ausführlicher Duderstadt 1996, S. 13–20).

Damit sind drei Kategorien für die Gliederung der Spiele gewonnen (Fühlen/Empfinden, Wahrnehmen, Denken/Problemlösen). Dass diesen Dreien das Bewegen als vierte Kategorie zuzuordnen ist, ergibt sich aus dem Bezug auf die Tätigkeit Spiel, die ohne Bewegung kaum vorstellbar ist.

Bei der Gliederung der Spiele nach diesen vier Kategorien gehe ich von dem Wissen aus, dass das im Spiel Zusammengehörende getrennt bzw. dass ein Aspekt des Ganzen herausgehoben wird, dass diese Trennung bzw. Hervorhebung aber immer nur analytischen

Charakter haben kann und dass „alles da ist", auch wenn ich einen Aspekt bevorzugt betrachte.

Entscheidend war dabei für mich die Frage, was denn eigentlich die Spannung an dem jeweiligen Spiel ausmacht, worüber der Spannungsbogen eines Spiels (schwerpunktmäßig) aufgebaut und aufrechterhalten wird. Überschneidungen waren dabei (oft) nicht zu vermeiden (so sind bei Reaktionsspielen Wahrnehmung und Bewegung maßgeblich beteiligt). Entscheidungen sind naturgemäß subjektiv ausgefallen, bringen aber zum Ausdruck (und das ist der Vorteil), wie und unter welchem Gesichtspunkt ich dieses Spiel in eine Spielgruppe einbringen würde.

Die Aufeinanderfolge der Kategorien Fühlen/Empfinden, Wahrnehmen, Bewegen und Denken beinhaltet nicht gleichzeitig eine Rangfolge einzelner Persönlichkeitsbereiche; obschon es mir bei der Reihenfolge wichtig war, die Kategorie Fühlen/Empfinden wegen der hohen Bedeutsamkeit der Spielatmosphäre nach vorn zu setzen:

1. Fühlen/Empfinden

Spiele, bei denen die Spielatmosphäre (individuell und gruppenbezogen) im Vordergrund steht, die durch Kennenlernen, Sich-Berühren, Etwas-miteinander-Tun entwickelt und gestaltet werden soll; hier sind auch Spiele beschrieben, die ohne eine vertrauensvolle Gruppenatmosphäre, ein emotionales Wohlbefinden nicht gelingen können.

- Kennenlernspiele zur Schaffung einer Spiel-, einer Gruppenatmosphäre (Namenspiele) S. 22–27
- Kennenlernspiele zur Schaffung einer Spiel-, einer Gruppenatmosphäre (gemeinsames Tun) S. 28–33
- Spiele, die eine Gruppenatmosphäre voraussetzen bzw. bei denen eine Gruppenatmosphäre günstig ist S. 34–43

2. Wahrnehmen

Spiele, bei denen die bewusste, aufmerksame Anwendung der Sinne (als sinnliche Wahrnehmung von Außenreizen und Selbstwahrnehmung) im Vordergrund steht (sehen, hören, tasten, schmecken, riechen, aber auch z. B. Gleichgewicht, Raum- und Bewegungswahrnehmung, Temperatur, Vibration, Druck (vgl. z. B. Kükelhaus/zur Lippe 1982).

3. Bewegen

Spiele, bei denen vor allem die Bewegung die Spiel-Spannung bestimmt, sei es durch Bewegungen im Sinne von Fortbewegung (Ortsveränderung) eines Körpers bzw. von Teilen eines Körpers im Raum, seien es Bewegungen als Mittel des Ausdrucks (z. B. Darstellungsspiele); über Bewegungen können auch Gefühle als innere Bewegungen zum Ausdruck gebracht werden.

4. Denken/Problemlösen

Spiele, bei denen es um Lösungen geht, um das Lösen von Problemen, von Fragestellungen, von Denkaufgaben; bei ihnen steht das gemeinsame (manchmal auch einsame) Suchen nach Lösungen im Vordergrund, der spannende Prozess des Entwerfens und Überprüfens von Lösungsstrategien, der vor allem dann als lustvoll und spannend empfunden wird, wenn er frei ist von der Angst vor Blamage.

3. Wie eine Anleitung der Spiele aussehen könnte

Neben den Spielversuchen in meiner eigenen Klasse hat meine Tätigkeit in der Fortbildung von Lehrern und Sozialpädagogen, die an Schulen tätig sind (Vorklassen, Gesamtschulen), sowie in der Lehrerausbildung an der Universität Bremen die Entstehung und Ausgestaltung dieser Sammlung wesentlich mitbestimmt. Ohne diese Aus- und Fortbildungsveranstaltungen wäre diese Sammlung in Form, Inhalt und Umfang nicht zustande gekommen. Im Mittelpunkt dieser Veranstaltungen standen jeweils (und das sind wichtige Voraussetzungen für eigenes Spielen mit Gruppen):

– die Sammlung eigener Spielerfahrungen und die Bewusstmachung der Spielerlebnisse und Spielerinnerungen,
– das Ausprobieren und Verändern von Spielideen,
– das Mitbringen und Ausprobieren eigener Spielideen,
– die eigene Spielleitertätigkeit,
– die Entwicklung eines Verständnisses für Prozesse, die beim Spielen in Spielern und Spielgruppen ablaufen.

Im Laufe solcher Veranstaltungen wurde schnell deutlich, dass das Alter der Spieler kein zentrales Kriterium für die Auswahl geeigneter Spiele ist: Die meisten Spielideen sind für Kinder, Jugendliche und Erwachsene (mit leichten Variationen) von Interesse: Spiele für alle Menschen, Menschen als Spielende.

Wie aber könnte eine Spielanleitung aussehen, die die Freiheit des Spielens unterstützt und herausfordert statt sie in nicht zu akzeptierender Weise einzuschränken?

Spielen zulassen – Spielen unterrichten – Spielen begleiten – Spiel- und Bewegungsräume erweitern – diese vier Kategorien für die Förderung des selbst organisierten Spielens haben eine Kollegin und ich für Kinderspiele in der Schule vorgestellt (vgl. Emmenecker/Polzin 1993) und ich bin der Meinung, dass sie auf andere Gruppen und in anderen Situationen anwendbar sind, wenn sie personenorientiert und situationsangemessen interpretiert werden. Diese Interpretationsfreiheit möchte ich den Nutzern und Nutzerinnen dieser Sammlung nicht nehmen und beschränke mich deshalb auf ein längeres Zitat aus dem o. a. Text:

Spielen zulassen
Das heißt, den gegenwärtigen Spielbedürfnissen der Kinder Raum geben durch eine Atmosphäre verständnisvollen Lassens. Das kann nur funktionieren, wenn Regeln gemeinsam mit den Kindern vereinbart werden und auf ihre Einhaltung geachtet wird (z. B. niemanden stören)
– in Klassenraum (Kuschel-, Spielecke) und Sporthalle (freie Bewegungszeit zu Beginn einer Sportstunde),
– vor Beginn des Unterrichts (gleitende Anfangszeit),
– während des Unterrichts (in offenen Unterrichtsformen),
– in den Pausen im Klassenraum.
Das Zulassen bezieht sich also eher auf Situationen im Unterricht und an seinen Rändern. Chancen liegen hier am ehesten in dem Zulassen des Spielens als einem selbstverständlichen Teil des Schulalltags und des Schullebens, das sich vor allem in der pädagogischen Beziehung (Klassenlehrerin – Schulklasse) über einen Zeit-

raum von vier Jahren entwickeln kann.

Zulassen heißt auch anregen, ermutigen, fördern, Möglichkeiten zur Verfügung stellen, die die Kinder nach ihrem Interesse und ihren Bedürfnissen nutzen können.

Spielen unterrichten
Das heißt zuallererst: Spiele erleben und Spiele erlernen, dann aber auch: das Spielen erlernen, um es selbstständig und selbst organisiert zu können:
– im Klassenraum, in der Sporthalle und auf dem Schulhof,
– im Sportunterricht und in fächerübergreifenden Projekten.
Daher:
– Kinder ihre Freizeitspiele mitbringen und vorstellen lassen,
– Spiel als eine auch in der Schule geschätzte und lustvolle Tätigkeit erleben lassen,
– Spiel- und Bewegungsräume mit den Kindern entdecken, erkunden, erweitern und neu schaffen.

Mit dem Erleben der Spiele gehen Lernprozesse einher:
– Kenntnisse über Spiele (Spielideen, Spielregeln),
– motorisches Können für diese Spiele,
– Bewältigung des Spielraumes und der Spielsituationen.

Wichtig ist die Vermittlung einer allgemeinen Spielfähigkeit (sich auf ein Spiel einigen, Spielbedingungen organisieren, das Spiel in Gang setzen und den Spielfluss aufrechterhalten, das Spiel bei Störungen wiederherstellen, das Spiel bei Veränderung der Spielbedingungen weiterentwickeln), die die Kinder in immer neuen Situationen anwenden und üben müssen, um sie für das selbstorganisierte Spiel verfügbar zu haben. Das bedeutet für Lehrerinnen und Lehrer: Geduld, Aufmerksamkeit, Zurückhaltung, genaues Beobachten, ein Spiel sich entwickeln lassen. Wird das Spiel zum Thema von fächerübergreifendem Unterricht, treten zum Erleben

und Verstehen der Spiele Inhalte, Hintergründe und Zusammen-
hänge hinzu; das Interesse kann erhöht, das Verständnis vertieft
werden:
- Spiele aus aller Welt nachspielen und mit eigenen Spielen vergleichen,
- Spielgegenstände basteln, ihre Funktionsweise erkunden, übli-
che Regeln probieren, eigene Regeln finden,
- das Miteinander und Gegeneinander im Spiel erleben und bewusst machen (Umgang mit eigenen und fremden Aggressio-
nen),
- Eltern und Großeltern zu ihren Spielen befragen.

Die Themen des Sachunterrichts bieten viele Möglichkeiten,
„Spiele", „Spielen" mit unterschiedlichen Schwerpunkten aufzu-
nehmen.

Spielen begleiten
Das heißt, spielenden Gruppen (nur wenn nötig) bei spielinternen
Problemen helfen, sie bei Störungen von außen (durch andere Kinder) schützen und Spielgeräte und -materialien zur Verfügung stellen in allen Räumen und zu allen Zeiten, in denen selbst organisiert
gespielt werden kann.
Dieser Aspekt kann u. E. gar nicht hoch genug geschätzt werden.
Eine aktive Begleitung der von den Kindern selbst organisierten
Spiele durch Lehrerinnen und Lehrer kann soziales Lernen im und
durch Spiel unterstützen, das Umgehen mit Spielstörungen ver-
bessern, Unterdrückungs-, Gewalt- und Zerstörungseinflüsse von
außen verringern.
Bei eventuellen Reaktionen auf Spielstörungen von außen ist jedoch zunächst wichtig, Ursachen und Absichten der Störungen
herauszufinden. Auch Spielstörungen können ein Spiel sein, können in gegenseitigem Einvernehmen erfolgen und lustvoll sein (z.
B. „Die Jungen kriegen die Mädchen"). Das ist von außen nicht

immer offensichtlich und ist durchaus leichter zu entscheiden bei den vertrauten Kindern der eigenen Klasse als bei weniger bekannten Kindern (beispielsweise bei Schulhofsituationen).

Spiel- und Bewegungsräume erweitern
In den vorangegangenen Abschnitten ist bereits das Schaffen, das Eröffnen und das Erweitern von Spiel- und Bewegungsräumen enthalten – im Sinne einer Nutzung des Vorhandenen und einer Erweiterung der Spielfähigkeit der Kinder. Dieses sind die für uns wesentlichen Schritte. Eine Erweiterung der Spiel- und Bewegungsräume durch Schulhofgestaltung sollte sich nicht vorrangig an kostenintensiven Umbaumaßnahmen orientieren, sondern z. B.
– aus Unterrichtsprojekten hervorgehen und vor allem
– die Kinder in Planungen und Umsetzungen einbeziehen.

Bei einer solchen Vorgehensweise sind tief gehende und lang anhaltende Wirkungen auf das Spielverhalten der Kinder eher wahrscheinlich.
Welche Schulhof-Spiele sich entwickeln, wenn Raum hierfür geschaffen wird, zeigen die Beobachtungen von Kolleginnen und Kollegen einer Grundschule:
Gummitwist, Seilspringen, Ciao Ciao Checki, Die Jungen kriegen die Mädchen, Fischer, Fischer, wie tief ist das Wasser? 1, 2, 3 ... Berliner Schritt, Catchen/Ringen, Tauschlagen, Fangspiele, Klatsch- und Singspiele, Hinke-Pinke (Himmel und Hölle), Füße treten, Gegenstände klauen, Murmelspiele, Balancieren, über Bänke springen, Schweinebaumeln, Ballspiele, Tischtennis, Stelzen, Rollbretter, Family-Tennis.
Diese Beobachtungen sagen nichts über die Intensität, den zeitlichen Umfang oder die Beteiligung einzelner Kinder. Sie verweisen aber deutlich auf eine begrenzte Vielfalt von Spielen und bestätigen Untersuchungen, nach denen Kinder heute weniger Spiele kennen und unter anderem deswegen weniger spielen.

Mein rechter Platz ist leer

Sich jemanden heranwünschen dürfen

Spielidee/Spielverlauf

Alle Spieler sitzen auf Stühlen im Kreis, ein Stuhl bleibt frei. Der links neben dem freien Stuhl sitzende Spieler klopft mit der rechten Hand auf den freien Platz und sagt: „Mein rechter, rechter Platz ist leer, ich wünsche mir den ... her!" Der aufgerufene Spieler setzt sich auf den freien Platz und der nun links neben dem freien Platz sitzende Spieler setzt das Spiel fort.

Hinweise zum Spiel

Das Spiel eignet sich in dieser Form nur für jüngere Spielgruppen.

Zusatzregeln/Spielvariationen

Das Spiel wird mit dem linken freien Platz gespielt.
Spielgruppen machen es gern zur Regel, dass ein Junge ein Mädchen auf seinen freien Platz rufen muss und umgekehrt.

Klasse

10 bis 25

Stuhlkreis

Zipp-Zapp

Die Namen der Kreisnachbarn nennen

Spielidee/Spielverlauf

Die Spieler sitzen im Kreis, einer steht in der Mitte. Der Mittelspieler zeigt auf einen Mitspieler und ruft: „Zipp". Dieser muss nun den Namen seines linken Nachbarn sagen. Ruft der Mittelspieler „Zapp", muss der Name des rechten Nachbarn genannt werden. Bei „Zipp-Zapp" müssen alle die Plätze wechseln.

Hinweise zum Spiel

Die Namen müssen einigermaßen bekannt sein, ebenso (bei jüngeren Spielern) links und rechts.

Zusatzregeln/Spielvariationen

Die zwei linken oder rechten Nachbarn nennen.

Klasse

10 bis 25   *Stuhlkreis*

Ich heiße ...

Die Namen und die Menschen kennen lernen

Spielidee/Spielverlauf

Die Spieler stehen im Kreis. Ein Spieler beginnt und sagt: „Ich heiße ..." und nennt seinen Namen. Der rechte oder linke Nachbar fährt fort und sagt: „Ich heiße ... und das ist ..." Jeder folgende Spieler im Kreis muss alle Namen wiederholen.

Hinweise zum Spiel

Namen kennen lernen sollte (vor allem in Gruppen, die länger zusammenbleiben) verbunden werden mit dem Kennenlernen der Menschen.

Zusatzregeln/Spielvariationen

Wer dran ist, „verrät" noch etwas von sich: eine Eigenschaft, einen besonderen Wunsch, eine Lieblingsspeise, ein Hobby ...

Klasse   *10 bis 30*   *Kreis*

Wer steht neben wem?

Namen den Personen zuordnen

Spielidee/Spielverlauf
Bei Gruppen, die sich noch nicht kennen, wird zunächst mit etwa sechs Spielern pro Gruppe begonnen. Die Spieler stehen im Halbkreis, nennen ihren Namen und versuchen, sich die Namen der Mitspieler zu merken. Jeweils ein Spieler stellt sich vor die Gruppe und versucht, die Namen der Reihe nach zu wiederholen.

Hinweise zum Spiel
Es ist zunächst einfacher, sich die Namen in Verbindung mit Gesichtern/Personen und festen Plätzen zu merken.

Zusatzregeln/Spielvariationen
Der vor der Gruppe stehende Spieler dreht sich um, die anderen tauschen die Plätze.
Die Gruppen werden fortschreitend zusammengelegt, bis das Spiel mit der Gesamtgruppe durchgeführt werden kann.

Aula, Hof,   *10 bis 30*   *Kreis*
Halle, Klasse
Wiese

Wo bist du?

Einem Aufgerufenen einen Ball zuwerfen

Spielidee/Spielverlauf

Die Spieler bewegen sich in einer festgelegten Spielfläche, ein Spieler hat den Ball (oder einen anderen Gegenstand). Der Spielleiter ruft: „Stopp!" und nennt einen Namen. Der Spieler mit dem Ball muss dem aufgerufenen Spieler den Ball zuwerfen. Der Werfer wird zum neuen Spielleiter.

Hinweise zum Spiel

Dieses Spiel ist nur dann interessant, wenn eine Gruppe sich neu kennen gelernt hat und die Namen jedes Mitspielers noch nicht sicher kennt. Größere Gruppen sollten in zwei Hälften unterteilt werden, weil sonst die Spannung des Spiels schnell nachlässt: Man kommt zu selten dran.

Zusatzregeln/Spielvariationen

Es wird nicht ein Ball zugeworfen, sondern der Aufgerufene muss angefasst werden: 0 ruft 1 und 2, 1 sucht 2 und fasst ihn an; 1 ruft 3, 2 sucht 3 und fasst ihn an usw.
Jeder hat am Anfang seine Namenskarte. Alle gehen durcheinander zu Musik und tauschen die Karten, bis die Musik stoppt. Jeder ordnet die Karte, die er hat, richtig zu.

| Aula, Hof, Halle, Wiese | Ball oder Kuscheltier | 10 bis 30 | offen |

Jetzt kommt ...

Den Namen von Personen sagen, die überraschend auf einen zukommen

Spielidee/Spielverlauf

Die Spieler stehen im Kreis. Ein Spieler läuft durch den Kreis auf einen anderen zu, dieser muss den Namen des auf ihn Zulaufenden sagen, läuft dann selbst durch den Kreis auf den nächsten Spieler zu, der wiederum den Namen sagen muss usw. Der Läufer nimmt jeweils den Platz des Spielers ein, auf den er zugelaufen ist.

Hinweise zum Spiel

Auch dieses Spiel ist vor allem dann interessant, wenn die Namen der Mitspieler noch nicht sicher bekannt sind. Die Spannung kann aber auch durch schnellen Wechsel in nicht zu großen Gruppen gehalten werden.

Zusatzregeln/Spielvariationen

Den Namen und ein Merkmal nennen, das vorher kennen gelernt wurde (siehe das Spiel „Ich heiße ...").

Aula, Hof,
Wiese,
Halle

10 bis 15
pro Gruppe

Kreis

Entfesseln

Beim Entfesseln miteinander kooperieren

Spielidee/Spielverlauf

Jeder Mitspieler bekommt einen Bindfaden mit einer Schlaufe an jedem Ende (Länge ca. 75 cm) und schiebt jeweils eine Schlaufe über jedes seiner Handgelenke. Einer der beiden Partner löst seine Schlaufe von seinem Handgelenk, legt sie um den gespannten Bindfaden des anderen herum und schiebt sie wieder über das eigene Handgelenk. Jetzt probieren die „Aneinandergefesselten", wie sie sich voneinander trennen können, ohne die Schlaufen zu lösen.

Hinweise zum Spiel

Die Lösung kann man sich räumlich am besten verdeutlichen, wenn ein Partner seinen straff gespannten Bindfaden waagerecht, der andere senkrecht hält. Der Partner, der seinen Bindfaden senkrecht hält, macht in der Mitte des Bindfadens eine neue Schlaufe (ohne Knoten), führt diese Schlaufe in eine der beiden Schlaufen seines Partners am Handgelenk hinein und über die Hand hinweg. Nun wieder straff ziehen und die Fesseln sind gelöst, wenn die durchgeführte Schlaufe nicht verdreht war.

Manche Spieler verlieren nach einigen Versuchen die Lust (vielleicht auch aus Misserfolgsangst); ihnen sollte man Lösungstipps oder die richtige Lösung geben. Auch das Zusehen bei den manchmal akrobatischen Versuchen macht Spaß.

| *Klasse, Aula, Hof, Halle, Wiese* | *Bindfaden* | *je 2* | *Paare* |

Partnerwechsel

Sich auf Zuruf schnell einen neuen Partner suchen

Spielidee/Spielverlauf
Die Spieler bilden Paare, ein Spieler bleibt übrig. Der Spielleiter ruft: „Partnerwechsel!" und alle suchen sich einen neuen Partner. Wer übrig bleibt, wird neuer Spielleiter.

Hinweise zum Spiel
Das Spiel eignet sich zur Überwindung von Berührungsängsten, da die Angst, „keinen abzubekommen" (häufig) die Hemmungen vor dem Anfassen des anderen überwindet, so dass man manchmal von „handgreiflicher Inbesitznahme" sprechen könnte.

Zusatzregeln/Spielvariationen
Jedes Mal einen anderen Partner suchen. Größere Wechselgeschwindigkeit steigert die Spiellust.

Klasse, Aula, Halle

12 bis 30   *Paare*

Familie Meyer

Familienangehörige finden

Spielidee/Spielverlauf

Jeder Spieler bekommt einen Zettel, auf dem Rolle und Spielname stehen, z. B. Vater Meyer, Mutter Meyer, Sohn Meyer, Tochter Meyer. Die Spielnamen klingen alle ähnlich: Beyer, Geyer ... Während die Musik spielt, gehen alle durcheinander und tauschen ihre Zettel. Wenn die Musik stoppt, suchen alle ihre „Familienmitglieder", indem sie ihren Nachnamen laut rufen. Hat sich die Familie gefunden, setzt sich der Vater auf einen Stuhl, die Mutter auf den Schoß, darauf der Sohn, dann die Tochter.

Hinweise zum Spiel

Gerade die Ähnlichkeit der Namen steigert das lustvolle Durcheinander.

Zusatzregeln/Spielvariationen

Es werden Tierfamilien ausgesucht. Jeder sucht seine Angehörigen, indem er die entsprechende Tierstimme nachahmt (oder die Fortbewegungsart).

Klasse

*Namens-
zettel,
Musik*

12 bis 30

offen

Menschenknoten

Eine Menschenschlange verknotet und entknotet sich

Spielidee/Spielverlauf

Alle Spieler stehen mit gefassten Händen nebeneinander, bei Kreisaufstellung muss der Kreis an einer Stelle offen sein, so dass es einen Anfang und ein Ende gibt. Der erste Spieler steigt über gefasste Hände oder geht untendurch, die ganze Schlange folgt ihm; das geht so lange, bis ein großer Menschenknoten entstanden ist. Nun versuchen alle Spieler gemeinsam, den Knoten zu lösen, ohne die Hände loszulassen.

Hinweise zum Spiel

Im gemeinsamen Entwerfen und Lösen eines Problems kommt man sich näher.

Zusatzregeln/Spielvariationen

In der Halle oder Aula läuft die lange Schlange, rollt sich zu einer Schnecke zusammen und rollt sich dann wieder auf. Kreisaufstellung bis ca. zwölf Spieler; Augen zu, Hände in die Mitte strecken. Jeder greift nach zwei erreichbaren, fremden Händen. Augen öffnen und den Knoten – so weit, wie es möglich ist – lösen, ohne die Hände loszulassen.

   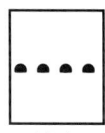

Klasse, Aula, Hof, Halle, Wiese   *8 bis 30*   *Linie*

31

Tragen und getragen werden

Einen Spieler auf einem Netz von Seilen tragen

Spielidee/Spielverlauf

Die Spieler stehen im Kreis, jeder Spieler hat ein Seilende in der Hand. Der Partner am anderen Ende des Seils muss so im Kreis gegenüberstehen, dass sich die Seile kreuzen. Durch einmaliges Übersteigen und Unterqueren der Seile entsteht in der Mitte ein Knoten, auf den sich vorsichtig ein Spieler setzt. Er wird getragen, gehoben, gedreht, macht die Augen zu usw.

Hinweise zum Spiel

Es ist günstig, die Lage der Getragenen von Mal zu Mal zu verändern, um das Gewicht gleichmäßig zu verteilen und die Hände nicht zu überlasten.

Zusatzregeln/Spielvariationen

Vorsichtig auf- und abschwingen, wenn gegenseitiges Vertrauen entstanden ist. Die Gruppe muss sich sicher sein, dass sie den Spieler tragen kann, der Spieler muss sich sicher sein, dass die Gruppe ihn tragen kann und nicht fallen lassen wird.

Klasse, Aula, Wiese, Halle	*ein Seil für je 2 Spieler*	*8 bis 10 pro Gruppe*	*Kreis*

Atom

Sich zusammenfinden und eine Aufgabe ausführen

Spielidee/Spielverlauf

Alle Spieler bewegen sich in der Spielfläche durcheinander. Der Spielleiter ruft eine bestimmte Zahl und nennt eine bestimmte Aufgabenstellung. Die genannte Anzahl von Spielern muss sich zusammenfinden und die Aufgabe durchführen.

Beispiel: „Atom 3! Zwei Spieler tragen den dritten durch den Raum!"

Hinweise zum Spiel

Das Spiel wird vor allem durch lustige Aufgabenstellungen interessant.

Zusatzregeln/Spielvariationen

Der Spielleiter oder die Spieler denken sich Aufgabenstellungen aus, die die Gruppenbildungen vorschreiben: „Die in der ersten und die in der zweiten Hälfte des Jahres Geborenen finden sich zusammen; alle Jungen/alle Mädchen; Vierergruppen mit zwei Jungen und zwei Mädchen; bestimmte Kleidung; bestimmte Farben der Kleidung" usw.

Aula, Hof,
Wiese, Halle

10 bis 30   offen

Ich sitze im Grünen

Sich jemanden heranwünschen dürfen

Spielidee/Spielverlauf

Alle Spieler sitzen im Stuhlkreis, ein Platz bleibt frei. Der links vom
freien Stuhl sitzende Spieler rückt auf (setzt sich auf den freien
Stuhl) und sagt: „Ich sitze ... ". Die nächsten drei Spieler folgen der
Reihe nach und sagen: „... im Grünen ..." „... und liebe ... "
„... ganz heimlich ...". Der letzte Spieler wünscht sich „ganz heimlich" einen Mitspieler auf den freien Stuhl neben sich, er nennt einen Namen. Danach beginnt es bei dem freien Stuhl von vorn.

Hinweise zum Spiel

Beim ersten Spiel sollten Erklärung und Erprobung (Durchspielen)
Hand in Hand gehen. Das Spiel eignet sich besonders für Grund-
schulklassen. Es kommt vor, dass Jungen (Mädchen) wegen ihrer
Wahl gehänselt werden. Solche Situationen bieten Gelegenheit,
über das Umgehen miteinander (besonders auch in gemischten
Gruppen) zu sprechen.

Zusatzregeln/Spielvariationen

In gemischten Gruppen muss ein Junge ein Mädchen wählen und
umgekehrt.

Klasse   *12 bis 30*   *Stuhlkreis*

Die summende, schwingende Bank

Sich tragen und verwöhnen lassen

Spielidee/Spielverlauf

Die Spieler knien sich eng nebeneinander und stützen sich vorn mit den Händen ab, so dass ihre Rücken eine Bank bilden. Der fünfte Spieler legt sich entspannt mit dem Bauch so auf diese Rücken, dass Kopf und Arme locker herunterhängen können. Die Viererbank versetzt sich nun summend und brummend in Schwingungen. Nach einigen Minuten wird so gewechselt, dass jeder einmal auf jeder Position gewesen ist. Bei optimalem Verlauf wird aus dem Verwöhnen des Getragenen ein gemeinsames Gruppenerlebnis.

Hinweise zum Spiel

Günstig ist eine weiche Unterlage für die Knie, behutsames Auf- und Absteigen. Die angenehmen Empfindungen des Spiels können nur erreicht werden, wenn es gelingt, aufkommende alberne Neigungen zu unterdrücken, weil diese gegen eine Zentrierung der Wahrnehmung wirken.

Zusatzregeln/Spielvariationen

Entspannungsmusik einbeziehen. Eine Geschichte dazu erzählen, die unterschiedliche Schwingungen enthält (z. B. vom Meer). Sich mit dem Rücken auf die Bank legen.

Wiese, Halle

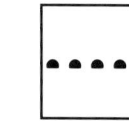

5 pro Gruppe

Linie

Toter Mann

Sich fallen lassen und aufgefangen werden

Spielidee/Spielverlauf

Etwa sechs bis acht Spieler stehen eng im Kreis und strecken die Arme aus. In der Mitte steht ein Spieler, der den Körper mit angelegten Armen anspannt (sich steif macht) und die Augen schließt. So wird er von den Händen der im Kreis stehenden Spieler herumgereicht oder quer durch den Kreis bewegt, ohne fallen gelassen zu werden. Dabei gehen die Hände des jeweils Haltenden dem auf ihn zufallenden Körper des Mittelspielers entgegen, um ihn mit nachgebenden Armen weich abzufangen.

Hinweise zum Spiel

Bei dieser Form des Spiels kommt es darauf an, dass der Mittelspieler sich mit geschlossenen Augen auf seine Wahrnehmungen konzentriert. Deshalb darf er auf keinen Fall fallen gelassen werden. Ebenso wichtig sind die Wahrnehmungen der äußeren Spieler (günstig für sie ist eine Schrittstellung).

Zusatzregeln/Spielvariationen

Die Schwingungsweite (die Neigung des Mittelspielers) vergrößern, indem man ihn später abfängt. Dadurch steigert sich der Reiz des Spiels (Angst und Lust beim Fallen) ebenso wie die Verantwortung für die äußeren Spieler.

Klasse,
Wiese, Halle

6 bis 8
pro Gruppe

Kreis

Schoßsitzen

Einen Stehkreis in einen Schoßkreis verwandeln

Spielidee/Spielverlauf
Die Spieler stehen alle im Kreis eng hintereinander. Auf ein verein-
bartes Zeichen setzen sich alle gleichzeitig auf den Schoß der hinter ihnen stehenden Spieler.

Hinweise zum Spiel
Das enge Hintereinanderstehen ist wichtig für erfolgreiche Versu-
che; Misserfolge werden zu einem gemeinsamen Lacherfolg.

Zusatzregeln/Spielvariationen
Aufstellung in Reihe. In gemeinsamer Absprache versucht die
Gruppe, Bewegungsgrenzen herauszufinden. Wie weit können
sich alle schoßsitzend nach rechts, links, vorn oder hinten lehnen
oder sogar vorwärts gehen?

Aula, Hof,
Wiese, Halle

ab 10

Kreis

Füße in die Mitte

Gegenseitig die Füße erkunden

Spielidee/Spielverlauf

Die Spieler setzen sich im Kreis auf den Boden und strecken ihre
nackten Füße in die Mitte. Dann legen sie sich auf den Rücken und
nehmen „Fußkontakt" zueinander auf, tasten die Füße ab, lassen
die Tastempfindungen auf sich wirken, schließen die Augen usw.
Was fühlst du, wenn du fremde Füße abtastest? Was fühlst du,
wenn fremde Füße deine Füße abtasten?

Hinweise zum Spiel

Wann werden die Füße einmal aus ihren Schuh-Gefängnissen befreit? Wann werden sie einmal als „tastfähig" wahrgenommen?
Wann ertasten sie einmal aktiv etwas, z. B. fremde Füße? Wann
werden wir einmal ihrer Bedeutung für uns gerecht?

Zusatzregeln/Spielvariationen

„Versucht, so viele Füße wie möglich gleichzeitig zu berühren und
zählt, auf wie viele ihr kommt."
Es wird über die Füße ein Zeichen im Kreis herumgegeben (oder
ein Gegenstand). „Ertastet/erspürt einen anderen Fuß: seine
Oberfläche, seine Formen, seine Glieder und Gliederungen, seine
Kurven, Bögen und Winkel usw."

Aula, Wiese, Halle		3 bis 10 pro Gruppe	Kreis

Aura

Die Ausstrahlung der Hände spüren

Spielidee/Spielverlauf

Zwei Spieler stehen sich gegenüber, legen die Handflächen aneinander, schließen die Augen und konzentrieren sich auf ihre Empfindungen. Nach einer unbestimmten Zeit lassen die Spieler ihre Arme sinken, drehen sich einmal oder mehrmals um sich selbst und versuchen, die Handflächen des Mitspielers wiederzufinden.

Hinweise zum Spiel

Eine ruhige, zentrierende Hinführung des Spielleiters ist notwendig.

Zusatzregeln/Spielvariationen

Alle Spieler gehen mit geschlossenen Augen in einer begrenzten Spielfläche, die Hände in Brusthöhe vor dem Körper, die Handflächen nach vorn. Jeder sucht die Hände eines Mitspielers, ertastet und erkundet sie, begrüßt sie und verabschiedet sich und geht weiter.

Klasse, Aula, Hof, Wiese, Halle

je 2

Paare

Menschenrollen

Über die Mitspieler rollen, die nebeneinander liegen

Spielidee/Spielverlauf

Die Spieler liegen eng nebeneinander auf dem Bauch. Jeweils der erste (letzte) der Linie rollt sich über die anderen Mitspieler hinweg, der nächste folgt, bis jeder wenigstens einmal dran gewesen ist.

Hinweise zum Spiel

Wichtig ist, dass die Spieler wirklich eng nebeneinander liegen und dass Körperspannung bei allen und gestreckte Arme und Beine beim Rollenden das Rollen sehr erleichtern. Günstig ist ein weicher Untergrund (Rasen, Sand, Matten).

Zusatzregeln/Spielvariationen

Unterschiedliche Geschwindigkeiten des Rollens erkunden und die Empfindungen austauschen.

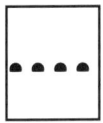

Wiese,
Halle

6 bis 12
pro Gruppe

Linie

Förderband

Von Mitspielern gerollt werden, die nebeneinander liegen

Spielidee/Spielverlauf
Die Spieler liegen nebeneinander auf dem Bauch, jedoch nicht so eng wie beim Spiel Menschenrollen. Ein Spieler liegt an einem Ende der Linie quer auf den anderen, die unteren Spieler rollen sich langsam und gleichmäßig in eine Richtung und transportieren dabei den oben liegenden Spieler.

Hinweise zum Spiel
Auch hier sind günstig: weicher Untergrund (Rasen, Sand, Matten), Körperspannung und gestreckte Arme und Beine bei allen. Optimaler Abstand zwischen den unteren Spielern und ein gemeinsamer Rhythmus müssen gefunden werden.

Zusatzregeln/Spielvariationen
Findet heraus, was eine „gute" Geschwindigkeit ist. Zwei Gruppen „fördern" im Wettstreit miteinander.

Wiese,
Halle

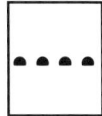

6 bis 12
pro Gruppe

Linie

Kopf auf Bauch

Schwingungen und Geräusche spüren

Spielidee/Spielverlauf

Alle Spieler liegen auf dem Rücken, den Kopf jeweils auf dem
Bauch des Nachbarn, den Kopf eines anderen Nachbarn auf dem
eigenen Bauch. Wenn jemand anfängt zu sprechen oder gar zu lachen, übertragen sich die Bewegungen von Bauch zu Kopf schließ-
lich auf die ganze Gruppe. Der Kopf kann auch so gedreht werden, dass ein Ohr auf dem Bauch liegt.

Hinweise zum Spiel

Wenn der Kopf auf der Bauchmitte liegt, übertragen sich die
Schwingungen am besten.

Zusatzregeln/Spielvariationen

Summen, brummen, singen ... Wie unterschiedlich wirken Geräusche bei offenem und geschlossenem Mund? Jeweils ein „Sender"
und ein „Empfänger".

Aula, Wiese, Halle   *ab 3*   *offen*

Magisches Anheben

Einen liegenden Spieler gemeinsam anheben

Spielidee/Spielverlauf

Ein Spieler legt sich mit dem Rücken auf den Boden. Die anderen knien daneben und konzentrieren sich mit geschlossenen Augen, ruhigem Atem und absoluter Stille auf den Liegenden. Der Spielleiter zählt langsam und leise bis 60. Bei 61 macht sich der Liegende ganz steif; die sieben Spieler legen ihre Zeigefinger beider Hände unter die Fersen, die Körpermitte, die Schultern und den Kopf des Liegenden und heben ihn langsam hoch. Die Augen können aufgemacht, der Getragene kann langsam heruntergelassen werden.

Hinweise zum Spiel

Wichtig ist ein ruhiges, zentrierendes Zählen. Zwei Helfer sollten bei den ersten Versuchen sichernd an Kopf und Fuß stehen; Matte oder weicher Untergrund. Bei den ersten Versuchen nur wenig anheben. Das sichere und richtige Verhalten entwickeln (Körperspannung, Konzentration), dann kann der Liegende auch bis Brust- oder Schulterhöhe gehoben werden.

Zusatzregeln/Spielvariationen

Den Liegenden durch den Raum tragen.

Wiese, Halle   *etwa 8*   *offen*
                        pro Gruppe

43

Blinde führen

Sich mit verbundenen Augen führen lassen

Spielidee/Spielverlauf

Je zwei Spieler stehen nebeneinander und fassen sich an. Ein Spieler schließt die Augen und lässt sich durch den Raum führen. Es darf niemand anders berührt oder gefährdet werden.

Hinweise zum Spiel

Nicht nur bei jüngeren Spielern kann die Neigung aufkommen, dem „blinden" Partner einen Streich zu spielen. Dies behindert die Bildung von Vertrauen und die bewusste Orientierung im Raum. Der Spielleiter sollte diese Probleme vorher mit den Teilnehmern besprechen. Die Spieler sollten selbst entscheiden, ob sie mit geschlossenen oder verbundenen Augen spielen.

Zusatzregeln/Spielvariationen

Veränderung der Fortbewegungsart und -geschwindigkeit, Handkontakt zunehmend lösen, den „blinden" Partner im Raum „abstellen", einen Moment dort stehen lassen, einen neuen Partner suchen und diesen akustisch hinter sich herlocken (schnalzen, pfeifen, schnipsen), Wahrnehmungen thematisieren (Räumliches, Akustisches, Tastempfindungen …)

Hof, Halle,
Aula, Wiese

Augen-
binden

je 2

Paare

Goofy

Sich „blind" zu einer Schlange zusammenfinden

Spielidee/Spielverlauf

Goofy ist ein Spieler, der die Augen offen hat, aber nichts sagen darf. Die übrigen Spieler gehen in einem begrenzten Raum mit geschlossenen Augen durcheinander und suchen Goofy. Haben sie jemanden getroffen, schütteln sie ihm die Hand und fragen: „Goofy?" Fragt der Getroffene nicht zurück, hat man Goofy gefunden und wird ein Teil von ihm, indem man ihn an die Hand nimmt. Nun dürfen die Augen geöffnet werden. Das Spiel geht solange, bis sich eine lange Schlange gebildet hat.

Hinweise zum Spiel

Um verirrte Spieler kümmert sich der Spielleiter. Hände nicht in Augenhöhe halten.

Zusatzregeln/Spielvariationen

Goofy steht, die Schlange bildet sich „an ihm". Goofy darf sich bewegen, die Schlange bewegt sich mit.

Klasse, Aula, Hof, Wiese, Halle   *10 bis 30*   *offen*

Tanz der Vampire

Die Lust des Vampir-Grusels nachempfinden

Spielidee/Spielverlauf

Alle Spieler bewegen sich mit geschlossenen/verbundenen Augen
in einem festgelegten Spielfeld. Ein Spieler wird vom Spielleiter
heimlich zum Vampir erklärt, indem er es ihm ins Ohr flüstert. Der
Vampir sucht seine „Opfer" mit geschlossenen Augen, greift sie
sich, „beißt lustvoll zu" und stößt einen Schrei aus. Die Opfer werden ebenfalls zu Vampiren und gehen auf Suche nach weiterer
Opfern.

Hinweise zum Spiel

Hände nicht in Augenhöhe halten. Um verirrte Spieler kümmert
sich der Spielleiter. Ein abgedunkelter Raum ist besonders günstig.
Ängstliche dürfen sich eine „Auszeit" nehmen.

Zusatzregeln/Spielvariationen

Treffen zwei Vampire aufeinander, haben sie sich beide in Menschen zurückzuverwandeln.

Klasse, Aula,   *10 bis 30*   *offen*
Hof, Wiese,
Halle

Zielgehen

Ein Ziel „anpeilen" und mit geschlossenen Augen finden

Spielidee/Spielverlauf

Bei diesem Spiel kommt es darauf an, sich mit offenen Augen die Lage eines Zieles zu merken und es dann mit geschlossenen Augen über eine bestimmte Entfernung hinweg zu erreichen. Beispiel: In fünf bis zehn Meter Entfernung sind Kreidekreise auf den Boden gemalt. Der Spieler merkt sich die Lage eines Kreises, schließt die Augen, geht bis zu einer Stelle, wo er den Kreis vermutet und setzt sich dort hin. Nun kann er die Augen öffnen und sehen, wie gut er sich orientiert hat.

Hinweise zum Spiel

Die Aufmerksamkeit auch auf die Beschaffenheit des Weges lenken.

Zusatzregeln/Spielvariationen

Paare oder Gruppen denken sich Aufgaben aus (auch mit Hindernissen). Mit dem Zeigefinger soll eine gekennzeichnete Stelle an der Wand getroffen werden.

WAHRNEHMEN

Aula, Hof, Wiese, Halle   *Kreide*   *10 bis 30*   *offen*

Blindes Ballrollen

Sich mit verbundenen Augen zurechtfinden

Spielidee/Spielverlauf

Auf dem Boden werden je nach Anzahl der Spieler mit Kreide mehrere etwa vier Meter breite und zehn Meter lange Gassen aufge-
zeichnet. Vor jeder dieser Gassen steht eine Spielgruppe. Die Spieler sollen nacheinander mit verbundenen Augen einen Ball durch
die Gasse hin- und zurückrollen und ihn dabei immer unmittelbar
an der Hand behalten.

Hinweise zum Spiel

Je stärker der Wettkampf zwischen Mannschaften in den Vordergrund tritt, desto mehr treten Wahrnehmungsvorgänge in den
Hintergrund (das Gefühl für den Ball, den Raum, die Entfernung,
die Richtung). Hier gilt es, eine Balance zu finden: die Lust des
Wettkampfes und die Lust des Problemlösens.

Zusatzregeln/Spielvariationen

Dem Spieler kann durch Zurufe geholfen werden, in der Gasse zu
bleiben. Unterschiedliche Bälle mit unterschiedlichen Erfahrungen:
vom Tischtennis- zum Rugbyball, Hindernisse einbauen. Ein Spieler der Konkurrenzmannschaft darf die Hindernisse verändern, so-
bald einem neuen Spieler die Augen verbunden wurden.

Aula, Hof,   Bälle, Kreide,   10 bis 30   Reihen
Halle   Augenbinden

Such mich!

„Gefesselte" Mitspieler mit verbundenen Augen suchen

Spielidee/Spielverlauf
Ein Fänger versucht, mit verbundenen Augen seine im Spielfeld verteilten Mitspieler zu finden und abzuschlagen. Den Mitspielern sind alle ausweichenden Bewegungen, bei denen beide Füße am Boden bleiben, erlaubt und darüber hinaus drei Schritte zum leisen Ausweichen.

Hinweise zum Spiel
In der Klasse kann das Spiel mit geringerer Spielerzahl und Zuschauern gespielt werden, da es auch beim Zusehen interessant ist: horchen und nicht gehört werden.

Zusatzregeln/Spielvariationen
Bei höherer Spielerzahl ist es sinnvoll, das Spielfeld zu vergrößern und zwei oder mehrere Fänger einzusetzen. Bei gleich bleibender Spielerzahl probieren, was sich durch Variationen der Raumgröße und der Zahl der erlaubten Schritte verändert.

Klasse, Aula, Hof, Wiese, Halle *Augen- binde* *10 bis 30* *offen*

Ball suchen

Einen Ball mit verbundenen Augen im Wettstreit suchen

Spielidee/Spielverlauf

Die Spieler sitzen in einem großen Kreis. Zwei Spielern werden die Augen verbunden, irgendwo in den Kreis wird ein Ball gelegt. Beide Spieler versuchen, den Ball vor dem anderen zu finden.

Hinweise zum Spiel

Der Kreis muss groß genug sein, damit der Ball nicht zu schnell gefunden wird. Bei größerer Spielerzahl ist es sinnvoll, mehrere Kreise zu bilden.

Zusatzregeln/Spielvariationen

Innerhalb des Kreises gibt es zwei Mannschaften. Jede Mannschaft dirigiert ihren Spieler durch Zurufe. Es können auch mehrere unterschiedliche Gegenstände im Kreis verteilt werden.

Aula, Hof, Wiese, Halle

Augenbinden, Ball

10 bis 30

Kreis

Ball raten

Wurfrichtungen erraten

Spielidee/Spielverlauf

Ein Spieler steht mit geschlossenen Augen in einer Gasse von Mitspielern, deren Gesichter einander zugewandt sind. Aus der Gruppe, der der Spieler den Rücken zudreht, wird ein Ball nach ihm geworfen. Von wem kam er?

Hinweise zum Spiel

Sinnvoll ist ein weicher Ball.

Zusatzregeln/Spielvariationen

Die Spieler stellen sich im Kreis auf, von jeder Gruppe ein Spieler in der Mitte: Wer rät am besten? Variationen mit Bällen: mehrere, verschiedene ...

Aula, Hof,
Wiese,
Halle

ein Ball

9 bis 13
pro Gruppe

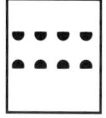

Gasse

Spitz, dein Knochen ist weg!

Hören, wer etwas wegnimmt

Spielidee/Spielverlauf

Die Spieler sitzen im Kreis. Ein Spieler hockt in der Mitte in Bankstellung, den Kopf auf die Hände gelegt und die Augen geschlossen. Vor ihm liegt der „Knochen" (ein Gegenstand, der als Knochen dienen kann). Der Spielleiter zeigt stumm auf einen Mitspieler, dieser schleicht sich zur Mitte, nimmt leise den Knochen weg
und setzt sich wieder auf seinen Platz. Alle Spieler nehmen die
Hände auf den Rücken und rufen: „Spitz, dein Knochen ist weg!"
Spitz muss genau horchen, woher der Spieler kommt, der ihm den
Knochen wegnimmt. Nachdem er „geweckt" worden ist, bellt er
denjenigen an, von dem er glaubt, dass er den Knochen hat.

Hinweise zum Spiel

Für ältere Spielgruppen muss das Spiel variiert werden: Nicht Hund
und Knochen stehen dann im Mittelpunkt, sondern der Wettstreit
um das Hören und das Nicht-gehört-Werden.

Zusatzregeln/Spielvariationen

Nach dem dritten erfolglosen „Bellversuch" wird Spitz erlöst. Wer
den Knochen gestohlen hat, ohne erwischt zu werden, wird neuer Spitz.

Klasse, Aula, Hof, Wiese, Halle	*etwas, was als Knochen dienen kann*	*10 bis 30*	*Kreis*

Platz wechseln mit der „Blinden Kuh"

Spieler fangen, die die Plätze wechseln

Spielidee/Spielverlauf
Die Spieler sitzen im Kreis und tragen jeder eine Nummer, in der Mitte ist ein Spieler mit geschlossenen Augen. Diese „Blinde Kuh" ruft zwei Zahlen. Die Spieler mit diesen Zahlen tauschen die Plätze, die „Blinde Kuh" versucht, sie abzufangen.

Hinweise zum Spiel
Eine erfolglose „Blinde Kuh" sollte abgelöst werden, bevor Frustration einsetzt.

Zusatzregeln/Spielvariationen
Erfolglosigkeit oder zu leichter Erfolg der „Blinden Kuh" deuten auf unausgewogene Spielchancen hin. Eine Frage an die Spielgruppe ist hier (wie in vielen Spielen) angebracht: Wie können wir das Spiel (die Regeln, die räumlichen Bedingungen ...) ändern, damit die Spannung im Spiel wiederhergestellt wird?

Klasse, Aula, Hof, Wiese, Halle

Nummern-schilder

10 bis 30

Kreis

WAHRNEHMEN

Blindekuh

Mitspieler nach Gehör fangen

Spielidee/Spielverlauf

Ein Spieler mit verbundenen Augen (die „Blinde Kuh") ist Fänger;
die Mitspieler, die Geräusche oder Töne von sich geben müssen,
bewegen sich in einem festgelegten Feld. Sie wechseln bei Abschlag.

Hinweise zum Spiel

Eine erfolglose „Blinde Kuh" nicht zu lange „schmoren" lassen.

Zusatzregeln/Spielvariationen

Feldgröße variieren, Fortbewegungsarten verändern, Geräusche
und Töne erfinden lassen, mehrere „Blinde Kühe", Gefangene
nach Abschlag „einfrieren" lassen.

| Aula, Hof, Wiese, Halle | Augen-binde | 10 bis 30 | offen |

Jakob, wo bist du?

Einen Mitspieler nach Gehör fangen

Spielidee/Spielverlauf

Zwei Spieler (Jakob und Jakobinchen) befinden sich mit verbundenen Augen im Kreis der Mitspieler. Immer wenn Jakobinchen ruft: „Jakob, wo bist du?", muss dieser antworten: „Hier!", und sie versucht, ihn zu fangen. Bei Abschlag findet ein Rollentausch statt oder es werden neue Spieler gesucht.

Hinweise zum Spiel

Spielstrategien beider Rollen brauchen Zeit für Erprobung, deshalb nicht zu schnell Veränderungen vornehmen.

Zusatzregeln/Spielvariationen

Feldgröße variieren (erst nach der Variation von Spielstrategien in einer Feldgröße).
Jakob und Jakobinchen suchen selbst ihre Nachfolger aus.

Klasse, Aula, Hof, Wiese, Halle　　*Augenbinden*　　*10 bis 30*　　*Kreis*

Geräusche raten

Geräusche hören und interpretieren

Spielidee/Spielverlauf

Der Spielleiter oder ein Spieler machen Geräusche. Alle anderen
haben die Augen geschlossen und versuchen herauszuhören, wie
und womit die Geräusche gemacht werden.

Hinweise zum Spiel

Im Freien hat man sehr viel mehr Möglichkeiten, Geräusche zu
produzieren oder auf Naturgeräusche zu hören. Erst die Geräusche
auf die Spieler einwirken, dann Vermutungen/Lösungen nennen
lassen, um Raten nach dem Zufallsprinzip zu vermeiden.

Zusatzregeln/Spielvariationen

Geräusche finden und erfinden als Aufgabe für Partner oder Gruppen, die dann die jeweils anderen raten lassen.

Klasse, Aula, Hof, Wiese, Halle	*Gegenstände, mit denen man Geräusche erzeugen kann*	*5 bis 30*	*offen*

Keulendieb

„Blinden" Mitspielern leise einen Gegenstand entführen

Spielidee/Spielverlauf
Die Spieler sitzen mit geschlossenen Augen im Kreis, jeder hat eine Keule vor sich stehen. Ein Keulendieb versucht leise sein „Handwerk". Wird er vom betreffenden Mitspieler gehört, hebt dieser eine Hand und der Keulendieb muss sich ein neues Opfer suchen. War der Keulendieb erfolgreich, wird das Opfer neuer Keulendieb.

Hinweise zum Spiel
Nebengeräusche können das Spiel erschweren.

Zusatzregeln/Spielvariationen
Viele Gegenstände sind möglich, auch solche, die beim Aufnehmen Geräusche verursachen. Eine Balance zwischen den Spielchancen: Die Beschaffenheit des Bodens kann das Anschleichen erleichtern oder erschweren.

| Klasse, Aula, Hof, Wiese, Halle | so viele Keulen wie Spieler | 6 bis 10 pro Gruppe | Kreis |

Heulbojen

„Blind" durch ein Feld heulender Bojen finden

Spielidee/Spielverlauf

Alle Spieler befinden sich in einem festgelegten Spielbereich. Sie
haben in unregelmäßiger Aufstellung feste Standorte eingenom-
men und stellen Bojen dar, die unterschiedliche Geräusche von sich
geben. Ein Spieler muss sich mit geschlossenen Augen von der einen zur anderen Seite des Spielfeldes durch die Heulbojen hin-
durchbewegen.

Hinweise zum Spiel

Der Lust am Erzeugen von Geräuschen sind hier keine Grenzen gesetzt: Je schriller/heulender die Bojen, desto lustvoller ist das Spiel.

Zusatzregeln/Spielvariationen

Hat der erste Spieler die andere Seite erreicht, kommt ein anderer
Spieler dran, die Heulbojen nehmen eine neue Position ein. Die
Heulbojen dürfen ihre Standorte wechseln. Bei großen Gruppen
sollten sich mehrere Spieler gleichzeitig durch die Heulbojen bewegen.

Klasse, Aula,   *10 bis 30*   *offen*
Hof, Wiese,
Halle

Durch den Zaun

Sich durch einen Zaun blinder Mitspieler hindurchschleichen

Spielidee/Spielverlauf
Eine Hälfte der Gruppe stellt einen Zaun dar: Sie steht mit geschlossenen Augen so nebeneinander, dass jemand hindurch kann. Die andere Hälfte der Gruppe versucht, leise durch den Zaun zu schlüpfen, ohne abgeschlagen zu werden.

Hinweise zum Spiel
Das eingegangene Spielrisiko bewusst machen: der sichere Weg oder die spannende/aufregende Nähe zu den Zaunspielern?

Zusatzregeln/Spielvariationen
Variationen durch unterschiedliche Zaundichte (Abstände zwischen den Spielern), Bodenbeschaffenheit ...

  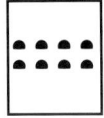

Klasse, Aula,
Hof, Wiese,
Halle

8 bis 30

Doppel-
linie

Glockenhase

Einen „klingenden" Hasen fangen

Spielidee/Spielverlauf

Die Spieler stehen in Kreisaufstellung. In der Mitte befinden sich
ein Jäger mit verbundenen/geschlossenen Augen und ein Hase
mit einer Glocke in der Hand. Der Jäger muss versuchen, den Hasen zu fangen. Bei Abschlag erfolgt ein Rollenwechsel oder es werden neue Spieler gesucht.

Hinweise zum Spiel

Der Hase darf den Klöppel der Glocke nicht festhalten, dadurch
muss er ständig bemüht sein, die Glocke trotz Fortbewegung ruhig zu halten. Bei diesem Spiel ist es besonders wichtig, die vielen
möglichen Strategien des Jägers bzw. des Hasen in Ruhe zur Entwicklung kommen zu lassen.

Zusatzregeln/Spielvariationen

Variationen mit klingenden Gegenständen (Schlüsselbund ...),
Größe des Kreises.

*Klasse, Aula,
Hof, Wiese,
Halle*

*Glocke,
Augen-
binde*

*etwa 12
pro Gruppe*

Kreis

Klapperschlangen

Eine klappernde Schlange nach Gehör fangen

Spielidee/Spielverlauf

Alle Spieler stehen oder sitzen im Kreis. Zwei Spieler stellen die Schlangen dar, denen die Augen verbunden werden und eine „Klapper" in die Hand gedrückt wird. Die vorher festgelegte Verfolgerschlange braucht nur mit ihrer „Klapper" zu rasseln, schon muss die verfolgte Schlange mit ihrer „Klapper" antworten. Ist die verfolgte Schlange „erlegt", können die Rollen getauscht oder neue Schlangen gesucht werden.

Hinweise zum Spiel

Geeignete Klappern: Kastagnetten ...

Zusatzregeln/Spielvariationen

Die Verfolgerschlange darf z. B. nur fünfmal rasseln, um die verfolgte Schlange zu orten; diese darf – je nach Lust und Mut – auch öfter antworten.

Klasse, Aula, Hof, Wiese, Halle

zwei Blechdosen mit kleinen Steinchen, Augenbinde

etwa 10 pro Gruppe

Kreis

Blinde im Kreis

Durch Dirigieren der Mitspieler mit verbundenen Augen einen anderen „Blinden" finden

Spielidee/Spielverlauf

Zwei Spieler stehen mit verbundenen Augen innerhalb des Kreises. Die außenstehenden oder -sitzenden Spieler zählen zu zweit ab und bilden dadurch zwei Gruppen, denen jeweils einer der Mittelspieler zugeordnet wird. Einer der Mittelspieler muss den anderen Mittelspieler fangen. Seine Gruppe muss ihn so dirigieren, dass ihm das gelingt, während die andere Gruppe ihren Spieler so dirigieren muss, dass er dem Gefangenwerden entgeht.

Hinweise zum Spiel

Der Kreis muss hinreichend groß sein: Schutz der „Blinden" beachten! (Hände). Es wird sich schnell herausstellen, dass Absprachen über die Art und Weise des Dirigierens notwendig sind.

Zusatzregeln/Spielvariationen

Variationen der Aufstellungsformation, Lenkung durch Geräusche.

Klasse, Aula,   Augen-   etwa 10   Kreis
Hof, Wiese,   binden   pro Gruppe
Halle

Stimmen raten

Den Namen eines Flüsterers erraten

Spielidee/Spielverlauf
Ein Spieler sitzt mit verbundenen Augen in der Mitte eines Kreises. Ein Mitspieler flüstert mit verstellter Stimme den Namen des Spielers in der Mitte. Wer war's?

Hinweise zum Spiel
Ein ruhiges Spiel, das große Aufmerksamkeit erfordert und eine sorgfältige, gruppenabhängige Abstimmung des Schwierigkeitsgrades.

Zusatzregeln/Spielvariationen
Der jeweilige „Flüsterer" kann zunächst vom Spielleiter benannt werden; dann wird es Aufgabe der Gruppe: sprachlose Abstimmung. Was eignet sich noch zum Flüstern? Was ist ein geeigneter Abstand?

Klasse, Aula, Hof, Wiese, Halle

Augenbinde

8 bis 12 pro Gruppe

Kreis

Partnerdenkmal

Mit geschlossenen Augen eine ertastete Figur nachgestalten

Spielidee/Spielverlauf
Von den im Kreis sitzenden Spielern beginnen zwei. Der eine schließt die Augen, während der andere aus seinem Körper eine Figur – ein Denkmal – baut. Ist er fertig, muss der andere Spieler das Denkmal mit geschlossenen Augen ertasten und mit seinem eigenen Körper nachbauen. Wer möchte als Nächstes?

Hinweise zum Spiel
Bei jüngeren und unerfahrenen Spielern sollte man mit einfachen Figuren beginnen und der Spielpartner sollte selbst gewählt werden dürfen. Möglicherweise müssen das Ertasten und die Partnerwahl besprochen werden.

Zusatzregeln/Spielvariationen
Was sind einfache Formen? Wie kann das Spiel weiterentwickelt werden? Alle Paare gestalten gleichzeitig, dadurch tritt das Partnerspiel in den Vordergrund.

Klasse, Aula,
Wiese, Halle

8 bis 12
pro Gruppe

Kreis

Denkmal nachbauen – zu dritt

Mit geschlossenen Augen eine ertastete Figurengruppe gemeinsam nachgestalten

Spielidee/Spielverlauf

Sechs Spieler begeben sich in den Kreis. Drei schließen die Augen, die anderen drei bauen aus ihren Körpern eine Figurengruppe – ein Denkmal. Sind sie fertig, müssen die anderen drei die Figurengruppe ertasten und entsprechend nachbauen.

Hinweise zum Spiel

Diesem Spiel sollten entsprechende Spielerfahrungen (z. B. mit dem Spiel „Partnerdenkmal") vorausgegangen sein.

Zusatzregeln/Spielvariationen

Der Kreis wird aufgelöst; Sechsergruppen gestalten selbstständig. Denkmal-Ideen können vorgeführt und dadurch ausgetauscht werden. Manchmal sind Eingrenzungen günstig, z. B. die Füße müssen den Boden berühren.

Klasse, Aula,
Wiese, Halle

10 bis 15
pro Gruppe

Kreis

WAHRNEHMEN

Hände ertasten

Zusammengehörende Hände finden

Spielidee/Spielverlauf

Ein Spieler mit verbundenen Augen steht den anderen drei bis fünf
Spielern seiner Gruppe gegenüber. Die Hände seiner Mitspieler
werden ihm „gemischt" entgegengehalten. Er muss herausfinden,
welche Hände zueinander gehören.

Hinweise zum Spiel

Schwierigkeitsgrad/Anzahl der Hände abhängig machen von der
Gruppe. Das Spiel lässt sich auch gut im Klassenraum spielen. Dabei können die Mitspieler sitzen und ihre Hände auf einen Tisch legen. Ringe, Armbanduhren und Ähnliches ablegen.

Zusatzregeln/Spielvariationen

Ein Spieler streckt dem „Blinden" nur eine Hand entgegen, die dieser aus den durcheinander gemischten Händen herausfinden
muss. Zwei gleich große Gruppen bilden eine Doppellinie (sechs
bis zehn Mitspieler). Die vorderen Spieler schließen die Augen und
befühlen die nach vorn gestreckten Hände der jeweils hinter ihnen
stehenden Spieler. Nach einiger Zeit wechseln Letztere öfters ihre
Plätze, kehren aber auch wieder zu ihren anfänglichen Plätzen
zurück. Die Spieler der vorderen Gruppe sollen erkennen, welche
der ihnen zugestreckten Hände schon einmal „da" gewesen sind.

   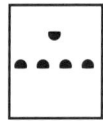

Klasse, Hof, Wiese, Halle, Aula	*Augen-binde*	*4 bis 6 pro Gruppe*	*Linie*

Gegenstände ertasten

Mit geschlossenen Augen Gegenstände ertasten, beschreiben und benennen

Spielidee/Spielverlauf

Ein Partner schließt die Augen und wird von dem anderen zu unterschiedlichen Gegenständen geführt. Er soll diese Gegenstände ertasten, beschreiben und benennen.

Hinweise zum Spiel

In Klasse, Aula und Halle steht nur eine begrenzte Anzahl künstlicher Gegenstände zur Verfügung. Interessanter ist das Spiel, wenn es im Freien gespielt werden kann, weil dort natürliche Materialien einmal bewusst erfahren werden können.

Die erste Reaktion bei diesem Spiel ist fast immer, dass Begriffe benannt werden. Selten werden Oberflächeneigenschaften beschrieben. Es darf nicht bei isolierten Tastspielen bleiben: Sinn und Bedeutung müssen hinzutreten.

Zusatzregeln/Spielvariationen

„Tast-Stationen" entwickeln. Einordnung des Spiels in Projekte, z. B. Bäume und ihre Rinde. Das aktive Ertasten und das passive Fühlen bewusst machen; was man beim Ertasten erleiden kann: geschnitten, gestochen, von Brennnesseln verbrannt werden ...

Klasse, Hof, Wiese, Halle, Aula

je 2

Paare

Standhalten

Sich gegenseitig aus dem Gleichgewicht bringen

Spielidee/Spielverlauf

Je zwei Spieler stehen sich gegenüber, etwa eine Armlänge voneinander entfernt, die Füße eng aneinander und die Handflächen
dem Partner zugewendet. Nun soll jeder versuchen, den Partner
aus dem Gleichgewicht zu bringen. Dabei dürfen sich nur die
Handflächen berühren und die Füße müssen an ihrem Platz stehen bleiben.

Hinweise zum Spiel

Hier geht es um die Tast- und Gleichgewichtsempfindungen und
die Reaktionen darauf, nicht hauptsächlich um das Gewinnen.

Zusatzregeln/Spielvariationen

Variationen der Abstände und der Berührungspunkte erproben
und erfahren. Den Partner nur so weit aus dem Gleichgewicht
bringen, dass er es nicht vollständig verliert.

Aula, Hof,
Wiese, Halle   je 2   Paare

Gemeinsames Gleichgewicht

Sich gegenseitig ins Gleichgewicht bringen

Spielidee/Spielverlauf

Die beiden Partner stellen sich einander gegenüber und legen die Handflächen aneinander. Nun treten beide einen kleinen Schritt zurück, so dass sie sich vornübergeneigt stehend nur noch mit gegenseitiger Hilfe im Gleichgewicht halten können. Sie sollen sich nun so voneinander abstoßen, dass sie beide zum Stand (ins Gleichgewicht) kommen. Die Füße müssen am selben Ort bleiben.

Hinweise zum Spiel

Der Vestibularapparat (der Gleichgewichtssinn) rückt viel zu wenig ins Bewusstsein. Bei diesem Spiel wird die sensorische Integration, das Zusammenwirken des Gleichgewichtssinns mit der optischen Wahrnehmung und dem Tastempfinden in Füßen und Händen besonders anschaulich.

Zusatzregeln/Spielvariationen

Nicht in der Hüfte abknicken. Variationen der Abstände. Aus dem erlangten Gleichgewicht wieder zurückfallen lassen in die Ausgangslage.

Klasse, Aula, Hof, Wiese, Halle

je 2

Paare

Indianisches Ringen

Sich gegenseitig aus dem Gleichgewicht bringen

Spielidee/Spielverlauf

Zwei Partner stellen sich mit gespreizten Beinen nebeneinander so
hin, dass die Außenseiten ihrer rechten Füße sich berühren. Sie geben sich die rechte Hand und versuchen sich durch Drücken oder
Ziehen aus dem Gleichgewicht zu bringen. Die Füße müssen an
ihrem Platz bleiben.

Hinweise zum Spiel

Auch hier geht es (wie beim Spiel „Standhalten") mehr um die
Tast- und Gleichgewichtsempfindungen und die Reaktionen darauf als um das Gewinnen.

Zusatzregeln/Spielvariationen

Wenn zwei Rechtshänder die linken Füße nebeneinander stellen
und sich die linke Hand geben sollen, sind die Spielerfahrungen sicherlich ganz andere. Den Partner nur so weit aus dem Gleichgewicht bringen, dass er es nicht vollständig verliert.

Aula, Hof,
Wiese, Halle

je 2

Paare

Hahnenkampf anders

Durch geschicktes Fintieren herausbekommen, was auf dem Rücken des Partners ist

Spielidee/Spielverlauf
Wie beim regulären Hahnenkampfspiel stehen sich zwei Partner gegenüber, verschränken die Arme und dürfen nur auf einem Bein hüpfen. Beide haben einen Zettel auf dem Rücken mit einem Bild oder Zeichen. Ziel des Spiels ist es, das Bild oder Zeichen auf dem Rücken des Partners zu erkennen.

Hinweise zum Spiel
Geschicklichkeit und Schnelligkeit gehen vor Kraft. Es empfiehlt sich, Handikaps für geschicktere Spieler einzuführen und/oder immer gleich starke Partner zu suchen: ein Thema für eine Diskussion mit der Spielgruppe.

Zusatzregeln/Spielvariationen
Den Lieblingsfuß wechseln. Wenn die Lösung gefunden ist, können innerhalb der Spielgruppe neue Partner gesucht oder die Zettel getauscht werden.

Aula, Hof, Wiese, Halle *Zettel, Filzstifte, Sicherheitsnadeln* *je 2* *Paare*

WAHRNEHMEN

Tauziehen ohne Tau

Bewegungen pantomimisch aufeinander abstimmen

Spielidee/Spielverlauf

Zwei Spieler stehen sich mit einem Abstand von etwa einem Meter gegenüber und tun so, als ob sie die beiden Enden eines Seiles in der Hand hielten. Sie sollen nun das Seilziehen pantomimisch darstellen und ihre Bewegungen genau aufeinander abstimmen.

Hinweise zum Spiel

Vorherige Erfahrungen mit dem „richtigen" Tauziehen sind günstig, weil sie die Vorstellungskraft anregen. Der Spielgewinn für die Spielenden resultiert aus der Intensität und der Phantasie der Darstellung sowie der Abstimmung aufeinander.

Zusatzregeln/Spielvariationen

Für Anregung der Imagination: Du ziehst mit letzter Kraft! Das Seil reißt! usw. Die Darstellungsideen der Spielgruppe vorführen. Das Ganze als Gruppenwettkampf. Entwicklung von Spielszenen: Jemand läuft gegen das nicht vorhandene Seil und „wundert sich"; jemand geht durch das „Seil", die Spieler wundern sich; einer geht weg, der andere zieht weiter usw.

Klasse, Aula,
Hof, Wiese,
Halle
                je 2   Paare

Spiegelpantomime
Dem Partner pantomimisch folgen

Spielidee/Spielverlauf
Zwei Partner stehen sich gegenüber, der eine macht Bewegungen vor, die der andere so genau wie möglich nachmachen muss.

Hinweise zum Spiel
Für dieses Spiel ist eine ruhige, konzentrierte Spielatmosphäre nötig. Die Langsamkeit und Präzision der Bewegungen sollte betont und dem schnellen Irgendwie-Nachmachen vorgezogen werden.

Zusatzregeln/Spielvariationen
Die Bewegungen beziehen den gesamten zur Verfügung stehenden Raum ein. Während der gesamten Pantomime müssen sich die Partner in die Augen sehen und sich trotzdem auf ihre Bewegungen konzentrieren (peripheres Sehen). Ruhige Musik kann unterstützend eingesetzt werden.

   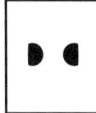

Klasse, Aula,   je 2   Paare
Hof, Wiese,
Halle

Funkerspiel

„Funksignale" aufgreifen und weiterleiten

Spielidee/Spielverlauf

Die Spieler sitzen im Kreis und erhalten aufeinander folgende Nummern: Nr. 1 ist Funker 1, Nr. 2 ist Funker 2 usw. Ein Funker beginnt und funkt einen anderen an: Funker 1 ruft Funker 7. Dabei hebt Funker 1 beide Hände in Kopfhöhe, dreht die Handflächen nach vorn, streckt die Daumen an die Schläfen und klappt beim Funken die restlichen Finger auf und ab. Funker 7 muss sofort diese Bewegung aufgreifen: Funker 7 ruft Funker 13 usw.

Hinweise zum Spiel

Bei den ersten Spielversuchen machen vor allem die Funkbewegungen und das Aufpassen auf das Drankommen den Reiz des Spieles aus. Dieser kann durch eine erhöhte Sendegeschwindigkeit vergrößert werden.

Zusatzregeln/Spielvariationen

Die links und rechts neben dem angefunkten Funker Sitzenden müssen mit der diesem zugewandten Hand mitfunken. Unterläuft einem Funker ein Fehler (z. B. dass er als Nachbar nicht mitsendet), kommt er auf den Platz mit der höchsten Nummer. Alle anderen rücken einen Platz auf und erhalten eine neue Nummer.

Klasse   *10 bis 25*   *Stuhlkreis*

Rippeltippel

Auf „Sprachakrobatik" schnell reagieren

Spielidee/Spielverlauf

Spielidee und Spielverlauf entsprechen der des Funkerspiels. Wer einen Fehler macht, bekommt mit dem geschwärzten Korken einen „Tippel" in das Gesicht gemalt. Die Spieler müssen z. B. sagen: „Rippeltippel Nr. 3 ohne Tippel ruft Rippeltippel Nr. 7 mit einem Tippel." Es muss richtig gesagt werden, wie viele Tippel beim Rufer und beim Ausgerufenen vorhanden sind.

Hinweise zum Spiel

Kinder lieben das Anmalen, ein Pünktchen mit einem Schminkstift o. ä. tut es auch.

Zusatzregeln/Spielvariationen

Platzwechsel bei einem Fehler wie beim Funkerspiel: Gerade das häufige Erhalten einer neuen Nummer führt zu köstlichen Szenen der Sprachverwirrung.

Klasse

geschwärzter Korken

10 bis 25

Stuhlkreis

Schlapp hat den Hut verloren

Bei einem Sprachspiel schnell reagieren

Spielidee/Spielverlauf

Wie beim Funkerspiel sitzen die Spieler im Kreis und werden der Reihe nach durchnummeriert. Einer macht den Anfang und sagt: „Schlapp hat den Hut verloren. Neun hat ihn." Neun muss sofort reagieren und z. B. sagen: „Schlapp hat den Hut verloren. Neun hat ihn nicht. Eins hat ihn." usw.

Hinweise zum Spiel

Da das Spiel relativ leicht ist, kann es schnell routiniert werden und die Spielspannung lässt nach. In solchen konkreten Situationen sollte die Spielgruppe aufgefordert werden, neue Ideen zum Spiel zu entwickeln und auszuprobieren. Nicht gleich der Forderung nach immer neuem Spiel nachgeben!

Zusatzregeln/Spielvariationen

Bei Fehlern kann aufgerückt werden, wie beim Funkerspiel beschrieben. Man kann das Spiel schwieriger machen, indem man nicht von eins anfangend nummeriert, sondern höhere Zahlen nimmt. Mit Phantasienamen spielen.

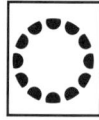

Klasse   *10 bis 25*   *Stuhlkreis*

Links herum, rechts herum

Gegenstände im Kreis herumwandern lassen

Spielidee/Spielverlauf

Der Spielleiter gibt nach rechts und links zwei Gegenstände in den Kreis, die er mit unsinnigen Bezeichnungen vorstellt. Beide Gegenstände wandern im Kreis herum, begegnen sich an einer Stelle und kehren wieder zum Spielleiter zurück. Bei jeder Übergabe an den nächsten Nachbarn ist ein Frage- und Antwortspiel vorgeschrieben. Beispiel: Der Spielleiter gibt seinem rechten Nachbarn einen Radiergummi und sagt: „Das ist ein Kaninchen." Der Nachbar fragt zurück: „Was ist das?" Der Spielleiter antwortet: „Das ist ein Kaninchen." Der rechte Nachbar nimmt den Radiergummi und gibt ihn nun an seinen rechten Nachbarn weiter. Jede Rückfrage: „Was ist das?" muss bis zum Spielleiter zurückgehen. Erst dann darf der Gegenstand weitergereicht werden.

Hinweise zum Spiel

Zwischen „lächerlich" und „lustig" kann es manchmal eine schwierige Gratwanderung sein.

Zusatzregeln/Spielvariationen

Mehrere Gegenstände gehen auf die Reise. Jeder Gegenstand wird zusätzlich mit einer Bewegung vorgestellt.

Klasse　　*zwei kleine Gegenstände*　　*10 bis 25*　　*Kreis*

Wo ist der Schuh?

Einen im Kreis herumgereichten Schuh fangen

Spielidee/Spielverlauf

Die Spieler setzen sich ganz eng im Kreis auf den Boden und ziehen die Füße soweit heran, dass unter ihren Beinen ein Hohlraum
entsteht, in den sie ihre Arme stecken und durch den sie einen
Schuh reichen können. Ein Spieler stellt sich in die Mitte und versucht den Schuh zu erwischen; die anderen müssen dies durch ver-
stecktes bzw. schnelles Weiterreichen verhindern. Der Spieler, bei
dem der Schuh gefunden wurde, geht in die Mitte.

Hinweise zum Spiel

Interessant wird das Spiel durch „Täuschungsmanöver" – Necken
des Fängers, indem man ihm den Schuh zeigt oder indem ihn jemand mit dem Schuh berührt. Obwohl sich durch Strategien und
Gegenstrategien die Spielchancen von Mittelspieler und Gruppe in
der Regel ausgleichen, sollte ein erfolgloser Mittelspieler zu einem
sinnvollen Zeitpunkt abgelöst werden.

Zusatzregeln/Spielvariationen

Der Schuh darf nur in eine Richtung durchgereicht werden. Der
„Fänger" braucht den Schuh nur zu berühren oder nur auf den
Spieler mit dem Schuh zu zeigen.

  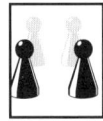 

Klasse, Aula,   *ein Schuh*   *8 bis 10*   *Kreis*
Hof, Wiese,   *pro Gruppe*
Halle

Wo ist die Kugel?

Eine im Kreis herumgereichte Kugel finden

Spielidee/Spielverlauf

Die Spieler stehen im Kreis, die Hände nach vorn gestreckt und zur Faust geballt. Ein Spieler steht in der Mitte. Ein Kreisspieler bekommt eine kleine Kugel in die Hand, die für den Mittelspieler unsichtbar von Hand zu Hand weitergegeben werden muss. Der Mittelspieler muss durch genaues Hinsehen herausbekommen, in welcher Faust sich die Kugel befindet.

Hinweise zum Spiel

Die Gruppe selbst erzeugt die Spielspannung durch ein Wechselspiel zwischen Risiko und Sicherheit, zwischen riskantem und sicherem Weitergeben der Kugel.

Zusatzregeln/Spielvariationen

Die Größe der Kugel variieren. Unterschiedliche Handhaltungen und -formungen ausprobieren. Wie viele Hände darf der Mittelspieler zum Öffnen auffordern?

Klasse, Aula, Hof, Wiese, Halle

eine kleine Kugel oder Murmel

etwa 10 pro Gruppe

Kreis

Ring suchen

Einen wandernden Ring finden

Spielidee/Spielverlauf

Die Spieler stehen oder sitzen im Kreis, ein Spieler steht in der Mitte. Ein Bindfaden in der Länge des Kreisumfanges wird von jedem Kreisspieler in die Hand genommen. Auf dieses Band wird ein Ring gezogen. Ein Kreisspieler hat den Ring in seiner Hand. Alle Kreisspieler bewegen ihre Hände nach links und rechts um das Band, während dieser Bewegung wird der Ring weitergereicht. Der Mittelspieler muss herausbekommen, wo sich der Ring befindet.

Hinweise zum Spiel

Auch hier (wie beim Spiel mit Kugel und Schuh) bestimmt die Gruppe die Spielspannung. Ist es schlimm, „erwischt" zu werden? Gehört nicht der Wechsel der Rollen genauso zum Spiel?

Zusatzregeln/Spielvariationen

Variationen der Größe des Ringes. Wie viele Hände darf der Mittelspieler zum Öffnen auffordern?

*Klasse, Aula,
Hof, Wiese,
Halle*

*Bindfaden,
Ring*

*8 bis 10
pro Gruppe*

Kreis

Blinzeln

Paaren im Kreis einen Partner weglocken

Spielidee/Spielverlauf

Die Gruppe wird in Paare aufgeteilt, ein Spieler muss übrig bleiben. Einer der Partner setzt sich auf einen Stuhl im Kreis, der andere Partner steht dahinter und hat die Hände auf dem Rücken. Der übrig gebliebene Spieler steht hinter einem leeren Stuhl. Er muss durch Blinzeln einen der sitzenden Spieler zu sich locken. Die stehenden Spieler müssen das verhindern, indem sie ihre Partner festhalten; sie dürfen erst reagieren, wenn die Sitzenden sich in Bewegung setzen. War der übrig gebliebene Spieler erfolgreich, ergibt sich die Fortsetzung von selbst.

Hinweise zum Spiel

Es sollte abgesprochen werden, wie „handgreiflich" Fluchtversuche verhindert werden dürfen.

Zusatzregeln/Spielvariationen

Veränderung der Ausgangspunkte: auf dem Boden sitzen, dahinter knien (Matten); hintereinander stehen

WAHRNEHMEN

Klasse, Aula, Hof, Wiese, Halle

11 bis 25

Doppel-kreis

Ich war in Spanien

Sich im Kreis spielend kennen lernen

Spielidee/Spielverlauf

Alle Spieler stehen oder sitzen im Kreis. Ein Spieler beginnt und sagt z. B. „Ich war in Spanien und habe einen Sombrero mitgebracht." Dazu macht er die entsprechenden Bewegungen. Der nächste Spieler greift Gegenstand und Darstellung des ersten Spielers auf und stellt dar und benennt, was er selbst mitgebracht hat (Gegenstand, Person, Tier) usw.

Hinweise zum Spiel

Es ist günstig, wenn der Spielleiter beginnt und zum Abschluss des Spieles noch einmal alle Gegenstände, Personen, Tiere benennt und darstellt. Zu Beginn des Spiels sollte noch einmal ausdrücklich auf ausdrucksvolle Bewegungen hingewiesen werden.

Kleine Gedächtnisstützen erlauben (Anfangsbuchstaben, pantomimische Andeutung ...), damit Spiel und Darstellung im Vordergrund stehen und nicht die Gedächtnisprüfung.

Zusatzregeln/Spielvariationen

Die Gegenstände, Personen, Tiere werden nur pantomimisch dargestellt. Es werden zwei Runden gespielt (mit der doppelten Anzahl von Gegenständen, Personen, Tieren).

Klasse | *10 bis 30* | *Kreis*

Gefühle darstellen

Gefühle vorspielen und raten

Spielidee/Spielverlauf
Die Spieler sitzen im Kreis, der Spielleiter sucht zwei aus (freiwillige Meldungen). Außerhalb des Klassenraumes lässt der Spielleiter die beiden Spieler wählen, welches Gefühl sie darstellen möchten. Sie sprechen sich über die Darstellungsmöglichkeiten ab und spielen es dann im Kreis vor. Das dargestellte Gefühl ist zu erraten.

Hinweise zum Spiel
Dieses Spiel eignet sich gut als Einführung in Darstellungsspiele vor der Gruppe. Es sollen zunächst freiwillige Meldungen berücksichtigt werden. Gehen zwei Spieler hinaus, können sie sich beraten und die Darstellung wird in der Regel ausdrucksvoller.

Zusatzregeln/Spielvariationen
Beispiele: glücklich, fröhlich, albern, traurig, ernst, schüchtern, ängstlich, krank ... (Charakteristik und Unterschiede in Spiel und Gespräch herausarbeiten).
Es werden Paare gebildet, die ein Gefühl, eine Empfindung auf einen Zettel schreiben. Alle Zettel kommen in einen Topf. Jedes Paar zieht einen Zettel. Es werden fünf Minuten Zeit zum Besprechen des Begriffs gegeben und wie man ihn darstellen kann.

BEWEGEN

Klasse   *10 bis 25*   *Stuhlkreis*

Begriffspantomime

Begriffe vorspielen und raten

Spielidee/Spielverlauf

Die Spieler werden in zwei Gruppen unterteilt. Jede Gruppe schreibt so viele zusammengesetzte Hauptwörter auf, wie Spieler in der anderen Gruppe vorhanden sind (ein Wort auf einen Zettel). Ein Spieler aus Gruppe A zieht aus den verdeckt gehaltenen Zetteln der Gruppe B einen Begriff und spielt ihn seiner Gruppe vor. Seine Gruppe muss das zusammengesetzte Hauptwort raten. Dabei darf der Spieler nur durch einen oder zwei Finger anzeigen, welchen Teil des Wortes er zuerst spielt. Danach kommt ein Spieler der Gruppe B usw.

Hinweise zum Spiel

Da bei Darstellungen vor der Gruppe bei vielen Kindern Hemmungen auftreten, sollten einfache Darstellungsspiele vorhergegangen sein, z. B. das Spiel „Gefühle darstellen".

Zusatzregeln/Spielvariationen

Zur Vereinfachung dürfen Geräusche mit verwendet werden. Beispiele: Ziegenpeter, Götterspeise, Weingeist, Stuhlgang, Teddyfutter, Kammerorchester, Affentheater, Eiertanz, Kindergarten. Weitere Ideen: Filmtitel, Opern, Sprichwörter darstellen.

| Klasse | Zettel, Stifte | 10 bis 30 | offen |

Wer ist der Meister?

Herausfinden, wer die Bewegungen vorgibt

Spielidee/Spielverlauf

Alle Spieler sitzen im Kreis, ein Spieler verlässt den Raum. Die im Kreis sitzende Gruppe bestimmt einen „Meister". Der hinausgegangene Spieler wird wieder in den Kreis geholt, die Gruppe imitiert alle handwerklichen Bewegungen des Meisters, der die Art der Bewegungen und ihren Wechsel bestimmt. Der hinausgegangene Spieler muss erraten, wer der Meister ist.

Hinweise zum Spiel

Bei größerer Anzahl und guter Zusammenarbeit der Gruppe hat der Ratende geringe Chancen. Man sollte sich eine Ablösungsregel für ihn zusammen mit der Gruppe überlegen (z. B. Ablösung nach drei Fehlversuchen). Bei jüngeren Spielern kann mit einfachen Handbewegungen begonnen werden, z. B. hämmern, sägen, schrauben.

Zusatzregeln/Spielvariationen

Der Meister spielt pantomimisch Instrumente. Bei jüngeren Spielern sollten zunächst einmal die Instrumente und die Art ihrer Handhabung bzw. ihrer pantomimischen Darstellung erspielt werden.

Klasse

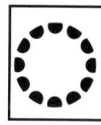

10 bis 25   *Kreis*

Stille Post pantomimisch

Bewegungen weitergeben

Spielidee/Spielverlauf

Alle Spieler stehen oder sitzen im Kreis und schließen die Augen. Ein Spieler denkt sich eine Bewegung aus, gibt seinem rechten oder linken Nachbarn ein Zeichen, die Augen zu öffnen, und macht ihm die Bewegung vor. Nr. 1 schließt die Augen, Nr. 2 macht Nr. 3 die Bewegung vor usw. Bevor der Letzte im Kreis dem Ersten die bei ihm angekommene Bewegung vormacht, öffnen alle Spieler die Augen, um zu sehen, was aus der Ausgangsbewegung geworden ist.

Hinweise zum Spiel

Bei größeren Gruppen ist Geduld erforderlich. Manchmal ist es besser, zwei oder mehrere Gruppen zu bilden, oder eine Hälfte spielt und die andere Hälfte sieht zu.

Zusatzregeln/Spielvariationen

Mit einfachen, klaren Bewegungen beginnen. Eine Geschichte spielen. Mehrere Spieler gehen hinaus. Einer spielt den Dagebliebenen eine kurze Geschichte vor und erklärt, was es ist. Er holt den ersten Spieler herein und spielt ihm die kurze Geschichte ohne Erklärung vor. Dieser holt den zweiten und spielt ihm vor usw.

Klasse, Aula, Hof, Wiese, Halle   *10 bis 25*   *Kreis*

Theater der Hände

Erraten, was die Hände darstellen

Spielidee/Spielverlauf

Je zwei Spieler sollen mit ihren Händen Szenen ihres alltäglichen Lebens darstellen. Haben sich alle Partner über die Darstellungsform verständigt, spielen jeweils zwei der Gruppe vor. Die Zuschauer erraten, was die Hände darstellen sollen.

Hinweise zum Spiel

Je nach Spielgruppe werden die Szenen bzw. Handbewegungen unterschiedlich ausfallen: ein Streichholz anzünden, mit Messer und Gabel essen, die Haustür aufschließen, sich den Schuh zubinden usw. Besonders interessant wird dieses Spiel, wenn Handbewegungen ausgewählt werden, die schon so automatisiert sind, dass es schwierig ist, sich ihren exakten Ablauf bewusst zu machen, z. B. Wie schneide ich mit einer Schere?

Zusatzregeln/Spielvariationen

Die Hände könnten allein „auftreten", indem sie durch Schlitze in einem aufgehangten Bettlaken oder durch Löcher in einem aufgestellten Karton gesteckt werden. Die Auftritte können musikalisch-rhythmisch gestaltet werden: unterstützend, interpretierend ...

Klasse, Aula, Hof, Wiese

je 2

Paare

Oh–Ah

Laute oder Bewegungen im Kreis weitergeben

Spielidee/Spielverlauf

Bei diesem Spiel sollen Laute und Bewegungen mit Körperkontakt weitergegeben werden, dazu fassen sich alle im Kreis sitzenden Spieler an. Ein Spieler drückt einem Nachbarn kurz und fest die Hand, dieser gibt den Händedruck weiter usw. Dieser Händedruck wird in unterschiedlicher Weise variiert. Nach einigen Durchgängen wird ein Laut (Oh, Ah, Bäh o. ä.) hinzugefügt. Auch diese Laute können unterschiedlich zum Ausdruck gebracht werden.

Hinweise zum Spiel

Das Problem des Anfassens (des Nicht-anfassen-Wollens) in manchen Gruppen (Jungen – Mädchen, Außenseiter ...) kann sich manchmal auch durch positive Spielerfahrungen wandeln.

Zusatzregeln/Spielvariationen

Der Laut wird während des Weitergebens langsam verändert: verlängert, verkürzt, die Tonhöhe verändert.

Ist ein Laut in die eine Richtung geschickt worden, wird ein zweiter Laut in die andere Richtung geschickt. Spielaufgabe: Zwei Laute laufen in die gleiche Richtung; ein Laut versucht den anderen einzuholen. Ob das klappt?

Klasse, Aula,   *10 bis 25*   *Stuhlkreis*
Wiese, Halle

Heiße Kartoffel

Eine „heiße Kartoffel" schnellstmöglich weitergeben

Spielidee/Spielverlauf

Im Stuhlkreis wird ein Ball mit Musikbegleitung weitergegeben. Spielleiter: „Solange die Musik spielt, gebt ihr diesen Ball, so schnell ihr könnt – als ob es eine heiße Kartoffel wäre –, weiter: Wenn die Musik stoppt, scheidet aus, wer den Ball hat oder noch angenommen hat (Hände auf den Rücken nehmen).

Hinweise zum Spiel

Als Ball eignet sich ein handballgroßer Schaumstoffball (Softball). Die „Heiße Kartoffel" ist ein Spiel, bei dem das Ausscheiden mehr vom Zufall abhängig ist als von irgendwelchen persönlichen Fähigkeiten. Das Ausscheiden wird deshalb von den Mitspielern kaum als persönliches Versagen empfunden.

Um die Zufälligkeit des Ausscheidens zu unterstreichen, sollte der Spielleiter nicht den Spielverlauf beobachten (und dadurch bewusst oder unbewusst auf das Ausscheiden Einfluss nehmen), sondern die Musik „blind" abschalten.

Zusatzregeln/Spielvariationen

Wer einen ausgeschiedenen Mitspieler anspielt, scheidet ebenfalls aus.

Klasse

Ball, Musik

10 bis 30

Stuhlkreis

BEWEGEN

Krieg mich doch!

Einen anderen abschlagen und sich von ihm nicht fangen lassen

Spielidee/Spielverlauf

Die Spieler sitzen im Stuhlkreis, ein Papierkorb steht in der Mitte. Ein Spieler geht mit einer festen Papierrolle (z. B. eine gerollte Illustrierte, die mit einem Weckgummi zusammengehalten wird) innerhalb des Kreises herum, schlägt einem Mitspieler auf die Knie, läuft um den Papierkorb herum, steckt die Papierrolle hinein und versucht, den Platz des „Geschlagenen" zu erreichen. Dieser springt auf, schnappt sich die Papierrolle, läuft ebenfalls um den Papierkorb herum und versucht, den „Schläger" abzuschlagen, bevor dieser den frei gewordenen Platz erreicht.

Hinweise zum Spiel

Eine langsame Demonstration des Spielablaufes erleichtert das Verständnis der Spielinformation.

Zusatzregeln/Spielvariationen

Auf dem Boden sitzend spielen. Die Größe des Kreises verändern.

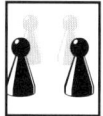

| Klasse, Aula | Papierkorb, Papierrolle | 10 bis 25 | Stuhlkreis |

Wer ist schneller?

Auf Zuruf schnell reagieren

Spielidee/Spielverlauf

Ein Spieler mit einer Papierrolle steht in der Kreismitte. Er ruft einen Namen und versucht dann, den Aufgerufenen aufs Knie zu schlagen. Der Aufgerufene muss aufspringen und den Namen eines anderen Spielers sagen, bevor ihn die Rolle trifft. Wenn er es nicht schafft, muss er in die Mitte.

Hinweise zum Spiel

Beim ersten Mal sollten Erklärung und Erprobung Hand in Hand gehen. Das Lustige am Spiel sind die Reaktionen der aufgerufenen Spieler, wenn ihnen kein Name einfällt. Der Mittelspieler neigt häufig dazu, seine Chancen zu erhöhen, indem er den Namen erst sagt, wenn er schon „auf dem Weg zu seinem Opfer" ist.

Zusatzregeln/Spielvariationen

Ein Name darf erst ein zweites Mal genannt werden, wenn alle dran waren. Eine mögliche vorbereitende Form: Alle Spieler sitzen im Stuhlkreis, ein Spieler geht in der Mitte im Kreis herum und soll versuchen, einen der sitzenden Spieler abzuschlagen. Wenn ein bedrohter Spieler schnell aufspringt, darf er jedoch nicht abgeschlagen werden.

BEWEGEN

Klasse, Aula, Hof, Wiese, Halle

Papierrolle

10 bis 25

Kreis

Obstsalat

Essgewohnheiten verraten

Spielidee/Spielverlauf

Alle Spieler sitzen im Stuhlkreis. Ein Spieler steht in der Mitte und gibt die Anweisung zum Wechseln der Plätze, z. B. „Alle, die gerne Äpfel essen, tauschen die Plätze!" Die Apfelliebhaber und der Spieler in der Mitte suchen sich einen freien Platz. Wer übrig bleibt, denkt sich etwas Neues aus.

Hinweise zum Spiel

Eine Gelegenheit, Essgewohnheiten anderer kennen zu lernen und zu kommentieren mit lustvoll/genießerischer Hinwendung („Aaah!") oder gespielter/wirklicher Abwehr („Igittigitt!").

Zusatzregeln/Spielvariationen

Wenn der Mittelspieler „Obstsalat" ruft, müssen alle die Plätze wechseln. Besonders Angenehmes und besonders Schreckliches kreieren, z. B. Was gehört in einen Hexentrunk?

Klasse

10 bis 30

Stuhlkreis

Marder und Eichhörnchen

Bälle fangen und werfen

Spielidee/Spielverlauf
Alle Spieler sitzen im Stuhlkreis. Die beiden gleichfarbigen Bälle sind die Marder, der andere Ball ist das Eichhörnchen. Die Marderbälle müssen von Spieler zu Spieler wie von Ast zu Ast hüpfen, während der Eichhörnchenball auch über mehrere Spieler hinwegspringen darf (wie von Baum zu Baum). Das Eichhörnchen ist erlegt, wenn ein Spieler gleichzeitig einen Marderball und den Eichhörnchenball erhält.

Hinweise zum Spiel
Mit Softbällen kann dieses Spiel auch im Klassenraum gespielt werden.

Zusatzregeln/Spielvariationen
In der Halle oder im Freien mit unterschiedlichen Abständen spielen. Unterschiedliche Bälle erleichtern oder erschweren das Fangen.

BEWEGEN

Klasse, Aula, Hof, Halle, Wiese

drei Bälle, davon zwei gleichfarbig

10 bis 25

Stuhlkreis

Gemeinsam auf und ab

Gemeinsam das Gleichgewicht riskieren

Spielidee/Spielverlauf

Je zwei Spieler stehen sich gegenüber – Fußspitzen berühren Fußspitzen – und fassen sich an den Händen. Sie lehnen sich zurück, bis die Arme gestreckt sind, beugen die Knie, sitzen langsam ab bis zum Boden und kommen gleichzeitig wieder hoch zum Stand. Nach jedem erfolgreichen Versuch kommt ein neuer Spieler hinzu.

Hinweise zum Spiel

Je mehr Spieler dabei sind, desto wichtiger sind genaue Absprache und Koordination. Die langsame Steigerung der Spielerzahl erhöht die Spannung. Mit wie vielen klappt es?

Zusatzregeln/Spielvariationen

Zwei Spieler sitzen Rücken an Rücken auf dem Boden, verschränken die Arme ineinander und stehen gemeinsam auf. Auch bei diesem Spiel wird die Anzahl der Spieler immer weiter gesteigert.

  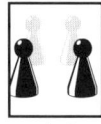 

*Klasse, Aula,
Hof, Wiese,
Halle*

ab 2

Kreis

Apfelsaft

Auf ein bestimmtes Wort reagieren

Spielidee/Spielverlauf

Alle Spieler stehen um einen Fänger herum und berühren ihn mit einer Hand irgendwo. Die Spieler nennen zusammengesetzte Hauptwörter, die mit „Apfel" beginnen (z. B. Apfelbaum, Apfelmus ...). Sagt einer „Apfelsaft", laufen alle weg und der Fänger muss einen abschlagen.

Hinweise zum Spiel

Bestimmt der Fänger, wann Apfelsaft gesagt wird, kann er aus dem Stand abschlagen.

Zusatzregeln/Spielvariationen

Es können auch andere Wörter als „Apfel" verwendet werden. Der Fänger steht in der Mitte, die Spieler bewegen sich im Kreis um ihn herum und strecken eine Hand zu ihm hin. Es wird jeweils festgelegt, wer das entscheidende Wort sagt.

BEWEGEN

Klasse, Aula, Hof, Wiese, Halle

10 bis 12 pro Gruppe

offen

Schlange im Gras

Einem „Schlangenbiss" entgehen

Spielidee/Spielverlauf

Es wird in einem nicht zu großen Spielraum gespielt. Ein Spieler liegt als Schlange auf dem Bauch, alle anderen berühren ihn irgendwo. Sie wählen selbst die für sie beste Ausgangsposition. Wenn der Spielleiter „Schlange im Gras!" ruft, springen alle auf und rennen innerhalb der vorgeschriebenen Spielfläche davon. Die Schlange windet sich zischelnd auf dem Bauch und versucht, einen Spieler zu erwischen.

Hinweise zum Spiel

Der günstigste Untergrund für das Spiel ist Sand oder Gras. Bei anderen Böden Vorsicht: Die Schlange darf den Spielern nicht die Beine wegschlagen.

Zusatzregeln/Spielvariationen

Wer von der Schlange erwischt worden ist, wird ebenfalls zur Schlange und fängt mit. Die adäquate Größe des Spielfeldes muss gefunden werden, um die Schlange nicht chancenlos werden zu lassen.

Wiese, Halle

10 bis 12 pro Gruppe   *offen*

Katze und Maus: Mäusepaare

Sich durch Paarbildung vor der Katze retten

Spielidee/Spielverlauf

Eine Katze und viele Mäuse; das Spielfeld ist begrenzt. Die Mäuse können sich vor dem Gefangenwerden retten, indem sie bei Bedrohung Paare bilden. Eine abgeschlagene Maus wird neue Katze.

Hinweise zum Spiel

Helfen, kooperieren, sich anfassen gehen in diesem Spiel von selbst. Es sollte offen gelassen werden, wie „intensiv" die Paarbildung stattzufinden hat: vom Anfassen bis zum Umarmen.

Zusatzregeln/Spielvariationen

Um das Gefangenwerden zu verhindern, müssen sich die Mäuse bei Bedrohung zu dritt zusammenfinden. Für jede Paarbildung muss ein neuer Partner gesucht werden.

Aula, Hof,
Wiese, Halle

10 bis 30

offen

Katze und Maus: Irrgarten

Einer Katze das Fangen schwer machen

Spielidee/Spielverlauf

Fünf Spieler stehen mit doppeltem Armabstand in einer Linie nebeneinander und halten sich an den Händen. Dahinter werden weitere Linien gebildet. In den so entstandenen Gassen versucht die Katze, eine Maus zu fangen. Die Linien dürfen nicht durchbrochen werden. Gibt der Spielleiter das Kommando: „Links um!", drehen sich alle Spieler gleichzeitig nach links, fassen ihren neuen Nachbarn an und bilden so neue Gassen.

Hinweise zum Spiel

Bei der Einführung des Spiels sollten die Kommandos zunächst vom Spielleiter gegeben werden. Schnelle Richtungswechsel der Gassen erhöhen den Reiz des Spiels.

Zusatzregeln/Spielvariationen

Die Maus kann sich selbst helfen, indem sie in bedrohlicher Lage vor einer Sperre „Hilfe!" ruft. Dann öffnet sich die Sperre ganz kurz nur für sie. Bei einem großen Irrgarten können zwei Mäuse und eine Katze bestimmt werden. Durch den Ruf „Arme hoch!" werden die Gassen aufgelöst, durch den Ruf „Arme ab!" werden die Gassen wiederhergestellt.

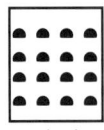

Aula, Hof, Wiese, Halle

20 bis 30

Block

Flipper

Spieler rückwärts durch die Beine abwerfen

Spielidee/Spielverlauf

Ein Spieler steht in der Mitte, alle anderen mit dem Gesicht nach außen im Kreis. Die Beine werden so weit gegrätscht, dass die Füße der Nachbarn berührt werden. Nun beugen sich alle nach vorn und schwingen die Arme durch die Beine. So soll der Spieler in der Mitte mit einem Ball abgeworfen werden. Wird er getroffen, ist der erfolgreiche Werfer neuer Mittelspieler.

Hinweise zum Spiel

Handballgroße Softbälle sind sehr gut geeignet.

Zusatzregeln/Spielvariationen

Ein gefangener Ball zählt nicht als Treffer. Zwei Mittelspieler, mehrere Bälle.

| *Aula, Hof, Wiese, Halle* | *Softball* | *10 bis 12 pro Gruppe* | *Kreis* |

Kollektive Erdumkreisung

Gemeinsam einen großen Ball in der Luft halten

Spielidee/Spielverlauf

Es werden zwei Kreise gebildet. Die Spieler des inneren Kreises liegen auf dem Rücken, mit dem Kopf zur Mitte und Beinen und Füßen in der Luft. Die anderen Spieler bilden einen Außenkreis drumherum, sie halten die Arme einsatzbereit und bewegen sich während des Spiels im Kreis. Innerer und äußerer Kreis sollen gemeinsam einen großen Ball solange wie möglich in der Luft halten: Die inneren Spieler durch Kicken, die äußeren Spieler, indem sie ihn mit den Händen zum Innenkreis (auf die bereitgehaltenen Füße) zurückstoßen.

Hinweise zum Spiel

Der innere Kreis ermüdet schnell, deshalb muss auf rechtzeitiges Wechseln geachtet werden. In der Halle ist es besser, Matten unterzulegen.

Zusatzregeln/Spielvariationen

Geeignete Bälle ausprobieren. Das kann in jeder Gruppe anders sein: Luftballonball, Pezzi-Ball, Push-Ball ...
Es ist weniger anstrengend für den Innenkreis, den Kopf nach außen zu nehmen.

Wiese, Halle   *ein großer Push-Ball*   *15 bis 30*   *Doppelkreis*

Du bist es!

Blitzschnell vom Fänger zum Läufer werden und umgekehrt

Spielidee/Spielverlauf

Ein Fänger jagt einen Läufer. Die übrigen Spieler sind in Bankstellung (auf den Händen und Knien) ungleichmäßig auf der Spielfläche verteilt. Wenn der Läufer sich über einen der Knienden stellt und ihn antickt, wird der Übergrätschte zum neuen Fänger und der alte Fänger zum neuen Läufer.

Hinweise zum Spiel

Der Reiz des Spiels liegt im doppelten Rollenwechsel. Es bedarf einiger Spielrunden, bis die Läufer begreifen, dass nicht wie bei anderen Fangspielen das schnelle Laufen zum Erfolg führt, sondern die überlegte Abstimmung von Schnelligkeit und Abstand zum Läufer bzw. Fänger in der Spielsituation.

Besonders reizvoll wird das Spiel bei schnellem Rollenwechsel. Ein Läufer, der nur ans Weglaufen denkt oder sogar seine überlegene Schnelligkeit ständig demonstriert, macht das Spiel für die anderen Mitspieler langweilig. Dasselbe Spielergebnis ist bei zu großer Gruppe oder zu großer Spielfläche möglich.

Zusatzregeln/Spielvariationen

Unterschiedliche Ausgangspositionen: stehen, sitzen, liegen …

Aula, Hof, Wiese, Halle | 10 bis 15 pro Gruppe | offen

BEWEGEN

Hasenjagd

Durch strategischen Jägerwechsel einen Hasen jagen

Spielidee/Spielverlauf

Alle Spieler hocken sich so in einer Linie auf den Boden, dass sie immer abwechselnd in die eine oder andere Richtung schauen. Der Spieler an dem einen Ende der Linie ist der Hase, der Spieler am anderen Ende ist der Jäger. Der Hase darf beim Laufen die Richtung wechseln, die einmal eingeschlagene Richtung des Jägers muss beibehalten werden. Der Jäger kann sich ablösen lassen, indem er einem der hockenden Spieler auf den Rücken klopft und „Los!" ruft. Dieser Spieler ist der neue Jäger, während sich der alte Jäger an die frei gewordene Stelle hockt.

Hinweise zum Spiel

Das Entscheidende ist der Wechsel des Jägers zum richtigen Zeitpunkt, d. h. so, dass der neue Jäger in eine günstige Abschlagposition kommt.

Zusatzregeln/Spielvariationen

Die einmal festgelegte Richtung des Jägers gilt, bis der Hase gefangen ist, unabhängig von der Zahl der „verbrauchten" Jäger. Jeweils am Ende der Reihe darf der Jäger die Richtung wechseln.

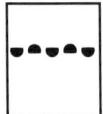

Aula, Hof, Wiese, Halle   *10 bis 15 pro Gruppe*   *Linie*

Fangen und Erlösen

Weglaufen und den Zeitpunkt des Erlösens selbst bestimmen

Spielidee/Spielverlauf
Es werden Paare gebildet, die sich ungleichmäßig verteilt in einer festgelegten Spielfläche nebeneinander aufstellen. Ein Fänger jagt einen Läufer. Der Läufer kann abgelöst werden, indem er sich neben ein Paar stellt: Stellt er sich rechts daneben, wird der linke Partner neuer Läufer und umgekehrt.

Hinweise zum Spiel
Bei größeren Gruppen lässt die Bewegungsintensität sehr stark nach. Die Spielspannung wird wesentlich mitbestimmt durch die Erwartung des Drankommens, auch diese sinkt naturgemäß bei größeren Gruppen. Deshalb ist es besser, größere Gruppen in zwei Spielgruppen zu unterteilen.

Zusatzregeln/Spielvariationen
Die Paare stehen hintereinander und der Läufer muss sich davor oder dahinter stellen. Beim Ablösen findet ein Rollenwechsel statt. Der Neue wird neuer Fänger, der alte Fänger wird Läufer.

BEWEGEN

Aula, Hof, Wiese, Halle

10 bis 12 pro Gruppe

Paare

Drachenschwanz

Den eigenen Drachenschwanz fangen

Spielidee/Spielverlauf

Die Spieler stehen in einer Reihe hintereinander und fassen ihren Vordermann fest um die Hüfte. Dem letzten Spieler wird ein Band oder Tuch in den Hosenbund gesteckt. Das ist der Schwanz des Drachens. Der erste Spieler ist der Drachenkopf; er versucht, seinen eigenen Schwanz zu fangen. Nach einem erfolgreichen Versuch wird aus dem ersten der letzte Spieler und es beginnt von vorn.

Hinweise zum Spiel

Eine feste enge Hüftfassung steigert die „Reißfestigkeit" des Drachens. Andererseits macht auch das „Zerreißen" oder „Herumschleudern" eines langen Drachens Spaß.

Zusatzregeln/Spielvariationen

Zwei Drachen versuchen, sich gegenseitig den Schwanz abzujagen.

Aula, Hof,
Wiese, Halle

Band oder
Tuch

6 bis 10
pro Gruppe

Reihe

Glucke und Geier

Das letzte Küken der Glucke fangen

Spielidee/Spielverlauf
Die Spieler stehen in einer Reihe und fassen den Vordermann fest um die Hüfte. Der erste Spieler in der Reihe ist die Glucke, an ihr klammern sich ihre Küken fest. Ihr gegenüber steht der Geier; er versucht, das letzte Küken der Reihe zu fangen. Ist der Geier erfolgreich, gibt es eine neue Runde mit neuer Rollenverteilung.

Hinweise zum Spiel
Günstig ist eine feste, enge Hüftfassung (wie beim Spiel „Drachenschwanz").

Zusatzregeln/Spielvariationen
Darf die Glucke die Arme ausbreiten? Rollenwechsel können nach vorher festgelegten Regeln erfolgen (Geier wird Glucke, Glucke rückt einen Platz nach hinten, Küken wird Geier o. ä.). Eine Gruppe sollte jedoch lernen, das selbst zu regulieren.

Aula, Hof, Wiese, Halle

6 bis 10 pro Gruppe

Reihe

Oktopus

Unterstützung durch Krakenarme bekommen

Spielidee/Spielverlauf

Ein Fänger versucht, in einer festgelegten Spielfläche die anderen Spieler abzuschlagen. Gefangene müssen am Ort des Abschlags stehen bleiben, helfen aber dem Fänger mit ihren Fangarmen: Sie schlagen vorbeilaufende Spieler ab, ohne ihren Platz zu verlassen. Auch diese Abgeschlagenen bleiben stehen und helfen mit ihren Fangarmen. Der letzte Läufer wird neuer Fänger.

Hinweise zum Spiel

Der Vorteil: Auch die Abgeschlagenen bleiben mit ihren Krakenarmen aktiv im Spiel.

Zusatzregeln/Spielvariationen

Die Oktopusse dürfen zum Fangen einen Ausfallschritt machen. Ein erfolgreicher Oktopus wird wieder zum Läufer.

Aula, Hof, Wiese, Halle

10 bis 30   *offen*

Fang das Band!

Die Bänder der Mitspieler fangen – das eigene Band schützen

Spielidee/Spielverlauf
Alle Spieler haben sich ein Spielband in den Hosenbund gesteckt. Jeder Spieler versucht, andere Bänder zu bekommen, sein eigenes aber zu behalten.

Hinweise zum Spiel
Es ist nicht erlaubt, das eigene Band festzuhalten.

Zusatzregeln/Spielvariationen
Die eroberten Bänder müssen ebenfalls in den Hosenbund gesteckt werden, können also wieder verloren werden. Anstelle der Bänder können Wäscheklammern benutzt werden.

Aula, Hof, Wiese, Halle

Spielbänder bzw. Klammern

10 bis 30

offen

Wer läuft?

Um die Wette im Kreis herumlaufen

Spielidee/Spielverlauf

Alle Spieler stehen in einem großen Kreis und zählen zu dritt ab, so dass drei Gruppen entstehen. Der Spielleiter bestimmt, welche Gruppe außen herum um den Kreis läuft und in welche Richtung. Wer hat seinen Platz am schnellsten wieder erreicht?

Hinweise zum Spiel

Der Reiz des Spiels: Wann bin ich dran? In welche Richtung muss ich laufen?

Zusatzregeln/Spielvariationen

Zwei Gruppen laufen gleichzeitig. Fortbewegungsarten variieren. Spielchancen für den Spielleiter: Zuerst die Gruppe und dann die Richtung nennen oder umgekehrt. Spielleiter auch mal wechseln.

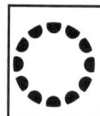

Aula, Hof, Wiese, Halle   *12 bis 30*   *Kreis*

Ringender Kreis

Mitspieler zwingen, Keulen umzuwerfen

Spielidee/Spielverlauf

Die Spieler stehen im Kreis und fassen sich an den Händen, in der Mitte des Kreises stehen fünf Keulen. Durch Ziehen, Schieben oder Drängen versuchen die Spieler zu erreichen, dass ein anderer Mitspieler eine Keule umwirft.

Hinweise zum Spiel

Statt jeder gegen jeden ist auch „alle gemeinsam" möglich: Wie oft können wir uns durch die Keulen ziehen, ohne dass sie umfallen?

Zusatzregeln/Spielvariationen

Fällt eine Keule um, laufen alle Spieler sofort weg; derjenige, der die Keule umgeworfen hat, muss einen der anderen Spieler abschlagen. Anzahl und Standort der Keulen variieren.

Aula, Hof, Wiese, Halle

5 Keulen

5 bis 10 pro Gruppe

Kreis

Komm mit – lauf weg!

Auf Zuruf im Kreis herumlaufen

Spielidee/Spielverlauf

Vier gleich starke Gruppen in Sternform, die Spieler stehen hintereinander. Ein weiterer Spieler läuft außen herum, tippt im Vorbeilaufen dem letzten Spieler einer Gruppe auf den Rücken und ruft: „Komm mit!" oder „Lauf weg!" Bei „Komm mit!" laufen der Läufer und die ganze Gruppe einmal im Kreis herum und kehren zu ihrem Platz zurück. Der Letzte wird neuer Läufer. Bei „Lauf weg!" läuft die Gruppe in entgegengesetzter Richtung zum Läufer.

Hinweise zum Spiel

Es sollte zunächst nur mit „Komm mit!" gespielt werden. Bei „Lauf weg!" auf den „Gegenverkehr" hinweisen.

Zusatzregeln/Spielvariationen

Variationen der Ausgangsposition: auf Matten, Bänken, dem Boden sitzen oder liegen. Variationen der Fortbewegungsart.

Aula, Hof,
Wiese, Halle

Matten,
Bänke

12 bis 30,
4 Gruppen

Sternform,
Reihen

Feuer, Wasser, Erde, Luft

Auf Zuruf unterschiedliche Aufgaben erfüllen

Spielidee/Spielverlauf
Die Gruppe bewegt sich auf einer festgelegten Spielfläche. Auf den Ruf des Spielleiters (Feuer, Wasser, Erde, Luft) müssen blitzschnell bestimmte, vorher festgelegte Aufgaben erfüllt werden. Beispiele: bei Feuer sich mit mehreren zusammenfinden, bei Wasser sich auf etwas retten, bei Erde sich auf den Boden legen, bei Luft an etwas hochklettern.

Hinweise zum Spiel
Der eigenen Fantasie und der der Spieler sind bei diesem Spiel keine Grenzen gesetzt.

Zusatzregeln/Spielvariationen
Variationsmöglichkeiten sind abhängig von räumlichen Bedingungen. Aufgabe für die Gruppe: neue Ideen finden.

BEWEGEN

Aula, Hof, Wiese, Halle

abhängig von den Spielideen

10 bis 30

offen

Armziehen

Sich gegenseitig aus dem Gleichgewicht bringen

Spielidee/Spielverlauf

Je zwei Spieler stehen mit gegrätschten Beinen Rücken an Rücken, beugen sich nach vorn und reichen dem Partner durch die Beine die Hände. Nun versuchen sie, sich gegenseitig aus dem Gleichgewicht zu bringen.

Hinweise zum Spiel

Das Spiel mit Kraft, Gleichgewicht und Geschicklichkeit kann köstliche Figuren zur Folge haben. Nicht den Sieg durch die Kraft in den Vordergrund stellen.

Zusatzregeln/Spielvariationen

Das Spiel wird als Gruppenspiel durchgeführt: Alle Paare stellen sich so auf, dass zwei Linien mit Rücken an Rücken stehenden Spielern entstehen. Die eine Linie macht einen halben Schritt zur Seite, so dass die Linien versetzt stehen. Jeder Spieler greift nun durch die gegrätschten Beine mit der linken Hand nach der linken Hand des links hinter ihm stehenden Spielers und entsprechend auf der rechten Seite. Nun wird gemeinsam gezogen.

Aula, Hof,
Wiese, Halle   je 2   Paare

Sitzmühle

Mit menschlichen Spielfiguren Mühle spielen

Spielidee/Spielverlauf

Neun Stühle stehen in einem Dreierblock. Zwei Mannschaften von je drei Spielern versuchen, sich zu einer Mühle zu setzen. Die Spieler der Mannschaften erhalten die Nummern 1, 2 und 3 und dürfen sich nur in dieser Reihenfolge hinsetzen bzw. den Platz wechseln. Eine Mühle kann waagerecht, senkrecht und diagonal zustande kommen.

Hinweise zum Spiel

Die Spieler müssen sich die Nummern der eigenen und auch die der gegnerischen Mannschaft genau merken, um richtig reagieren zu können, d. h. die eigene Mühle zu bilden und gleichzeitig die der Gegner zu verhindern.

Zusatzregeln/Spielvariationen

Es könnte als einfachere Form zunächst ohne festgelegte Reihenfolge gespielt werden. Die Zuschauer werden in zwei Mannschaften aufgeteilt, die den nächsten Zug besprechen und festlegen.

| Klasse | 9 Stühle als Spielfeld | 6 Spieler, 2 Gruppen | Stuhlblock |

Feuer, Wasser, Erde, Luft – als Ratespiel

Auf ein Signalwort schnell reagieren

Spielidee/Spielverlauf
Alle Spieler sitzen im Kreis, der Spielleiter steht in der Mitte. Er ruft z. B.: „Wasser", und zeigt auf einen Mitspieler. Dieser muss sofort ein Tier sagen, das im Wasser lebt; entsprechend bei „Erde" ein Tier, das auf der Erde lebt, und bei „Luft" ein Tier, das fliegen kann. Bei „Feuer" wechseln alle die Plätze. Der übrig bleibende Spieler wird neuer Mittelspieler.

Hinweise zum Spiel
Der Spielleiter sollte beginnen, um die Gruppe einzuspielen im Hinblick auf den Charakter des Spiels, den Schwierigkeitsgrad, das Spieltempo.

Zusatzregeln/Spielvariationen
Als Improvisationsspiel: eine Bewegung zum geratenen Tier erfinden und vorspielen. Zwei Hälften des Kreises spielen als Mannschaften gegeneinander. Auf Materie, Gegenstände, Pflanzen ausweiten; wie ändert sich der Bezug zu den Elementen?

Klasse

10 bis 25   *Stuhlkreis*

DENKEN/PROBLEMLÖSEN

115

Denkmal bauen

Denkmäler oder Themen darstellen und erraten

Spielidee/Spielverlauf

Zwei Spieler überlegen sich ein Denkmal (ein Thema, das mit Hilfe mehrerer Personen dargestellt werden kann) und schreiben es auf einen Zettel. Alle Zettel kommen in einen Behälter. Jedes Paar zieht einen Zettel und realisiert das Thema, indem es so viele Mitspieler wie nötig so arrangiert, dass das Denkmal, das Thema zur Darstellung kommt.

Hinweise zum Spiel

Der Begriff Denkmal sollte erweitert werden als ein Thema, das mit Hilfe mehrerer Personen dargestellt werden kann. Vor allem jüngere Spieler brauchen Hilfestellungen bei der Themenfindung: z. B. Märchenthemen: Die Bremer Stadtmusikanten ... , Denkmäler und Skulpturen in der Heimatstadt, Szenen aus Spiel und Sport ...

Zusatzregeln/Spielvariationen

Die Zuschauer müssen raten, welches Thema dargestellt wird. Der Spielleiter gibt zunächst Themen vor, die von den Partnern gezogen werden. Wenn dem Spielleiter nichts einfällt: Gruppen sind erfindungsreich ...

| Klasse | Zettel, Stifte | ab 5 | offen |

Unser Fantasietier

Ein Fantasietier erfinden und darstellen

Spielidee/Spielverlauf
Die Spielgruppe wird unterteilt in Kleingruppen von vier bis sechs Spielern. Jede Gruppe bekommt die gleiche Aufgabenstellung: „Erfindet ein Fantasietier und stellt es mit Geräuschen und Bewegungen dar. Ihr alle zusammen bildet den Körper des Tieres." (Beratungs- und Erprobungszeit: zehn bis 15 Minuten)

Hinweise zum Spiel
Es ist wichtig, dass die Gruppen in getrennten Räumen beraten und proben können. So können sie sich besser auf sich selbst konzentrieren. Jüngere Kinder brauchen Hilfen, z. B. eine Vorgabe von Tieren, die kombiniert werden sollen.

Zusatzregeln/Spielvariationen
Jede Gruppe bekommt vom Spielleiter drei verschiedene Tiere, die zu einem Fantasietier kombiniert werden sollen. Hat eine Gruppe ihr Fantasietier vorgeführt, ahmen die anderen Gruppen das Fantasietier nach und entwickeln es gemeinsam weiter. Ausweiten auf Roboter, Maschinenwesen, Weltraumbewohner u. a., für die die Rategruppen Fantasienamen erfinden müssen.

Aula, Hof,
Wiese, Halle

4 bis 6
pro Gruppe

offen

Wagen bauen

Ein kreatives Transportmittel erfinden

Spielidee/Spielverlauf

Die Spielgruppe wird unterteilt in mehrere Kleingruppen mit vier bis sechs Spielern. Alle Gruppen bekommen die gleiche Aufgabenstellung: „Baut aus euren Körpern einen Wagen, auf dem ihr einen Mitspieler über eine bestimmte Strecke hinweg befördern könnt." (Beratungs- und Erprobungszeit: fünf bis zehn Minuten)

Hinweise zum Spiel

Dem Vermögen der Gruppe entsprechend nach der richtigen Herausforderung suchen: weniger Träger oder mehr Zu-Tragende.

Zusatzregeln/Spielvariationen

Jede Gruppe soll sich gemeinsam von der einen Seite eines Raumes zur anderen bewegen und dabei so wenig Füße wie möglich auf den Boden setzen (die Körper und ihr Gewicht auf immer weniger Füße verteilen). Es soll ein Spieler transportiert werden; dabei darf jeder Träger nur einen Arm zum Transport verwenden. Die Gruppen gegeneinander antreten lassen: Was soll ihren Erfolg ausmachen? Die Schnelligkeit? Das sichere Tragen? Die kreative Lösung?

Aula, Hof,
Wiese, Halle

4 bis 6
pro Gruppe

offen

Reise nach Amerika

„Einreisebedingungen" aus Äußerungen des Spielleiters ableiten

Spielidee/Spielverlauf

Die „Reise" geht nach Amerika, die Spieler müssen deshalb durch den Zoll. Sie nennen der Reihe nach einen Gegenstand oder eine Person, den oder die sie mitnehmen wollen. Ob sie durch den Zoll können, hängt von einer Regel ab, die zunächst nur der Spielleiter kennt. Die Mitspieler müssen aus dem Spielverlauf herausfinden, welche Bedingung (Regel) sie erfüllen müssen. Beispiel: gleiche Anfangsbuchstaben – **H**ans darf einen **H**und mitnehmen.

Hinweise zum Spiel

Der Spielleiter kann verwirrende oder aufschlussreiche Begründungen geben, warum ein Spieler nach Amerika darf oder nicht. Beispiel: Der Spielleiter sagt nicht nur: „Ja, du darfst mit!", sondern: „Hans will seinen Hund mitnehmen, er darf nach Amerika mit!". Wenn eine größere Anzahl von Spielern die Lösung herausgefunden hat, sollte die Gruppe entscheiden, wann das Spiel abgebrochen wird.

Zusatzregeln/Spielvariationen

Es ist eine Eigenschaft (Kleidung, Körpereigenschaft, Vorliebe ...) des Vorgängers zu benennen.

Klasse   *10 bis 30*   *Kreis*

DENKEN/PROBLEMLÖSEN

Gordischer Knoten

Seilknoten lösen – aber nicht wie Alexander der Große

Spielidee/Spielverlauf

Alle Spieler stehen im Kreis. Jeder hat ein Seilende in der Hand. Der Partner am anderen Ende des Seiles muss im Kreis so gegenüberstehen, dass sich die Seile kreuzen. Durch Übersteigen und Unterqueren der Seile, durch das Wechseln der Plätze bildet sich ein dicker Knoten, der anschließend von allen gemeinsam entwirrt werden muss, ohne dass die Seile losgelassen werden.

Hinweise zum Spiel

Bei einer zu großen Gruppe werden die Seile schnell zu kurz. Hier bietet es sich an, zwei Seile zusammenzuknoten: Die doppelte Länge verlängert auch die Raumwege beim Ver- und Entknoten.

Zusatzregeln/Spielvariationen

Das Seilende mit einem Mitspieler tauschen. In einer kleinen Gruppe: den Knoten mit geschlossenen Augen lösen.

Klasse, Aula, Hof, Wiese, Halle   *je ein Seil für zwei Spieler*   *10 bis 25*   *Kreis*

Tausendfüßler

Sich in einen akrobatischen Tausendfüßler verwandeln

Spielidee/Spielverlauf

Die Spieler sitzen eng hintereinander mit gegrätschten Beinen auf dem Boden. Alle drehen sich so um 180 Grad nach links oder rechts um die Längsachse, dass sich nach der Drehung die Hände auf dem Boden und die Füße auf dem Rücken des nächsten Spielers befinden, d. h. vorher: Po unten, Kopf oben; hinterher: Po oben, Kopf unten.

Hinweise zum Spiel

Es ist günstig, mit zwei bis vier Mitspielern anzufangen und dann zu steigern. Schwerere Mitspieler gehören in der Sitzreihe nach vorn, damit sie selber die Beine des Tausendfüßlers darstellen können oder ihr Gewicht in der Nähe der Beine ist. Das Wichtigste bei der Lösung des Problems ist, dass die Drehung mit Schwung und gleichzeitig erfolgt. Zählen hilft!

Zusatzregeln/Spielvariationen

Zwei Tausendfüßler laufen um die Wette. Hindernislaufen (für fortgeschrittene Tausendfüßler).

Aula, Wiese, Halle   2 bis 12   Reihe

Maschine abstellen

Einen imaginären Maschinenknopf finden

Spielidee/Spielverlauf

Zwei Spieler stehen sich gegenüber, eine „Maschine" und ein „Maschinist". Der Maschinenspieler macht Bewegungen und Geräusche mit seinem Körper und hat sich einen Knopf ausgedacht, bei dessen Berührung er abgeschaltet wird. Der Maschinist muss diesen Knopf (irgendein Körperteil, z. B. ein Knie) finden, um die Maschine abzuschalten.

Hinweise zum Spiel

Als Spielschluss kann eine gemeinsame Zeit (z. B. fünf Minuten) vereinbart werden. Besser wäre es jedoch, den Paaren den Rollenwechsel zu überlassen.

Zusatzregeln/Spielvariationen

Für eine Partnerwahl nach dem Zufallsprinzip: Der Spielleiter hat für je zwei Mitspieler ein Seil in der Hand. Jeder Mitspieler greift ein Ende und kann erst sehen, wen er gezogen hat, wenn der Spielleiter die Hand öffnet.

  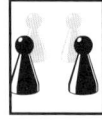 

Klasse, Aula, Hof, Wiese, Halle   *je 2*   *Paare*

Begriffe raten

Seinen Mitspielern zeichnerisch die richtige Lösung vermitteln

Spielidee/Spielverlauf
Jede Gruppe bekommt einen Platz zugewiesen, an dem sie von den anderen Gruppen nicht gehört werden kann. Ein Spieler jeder Gruppe holt sich beim Spielleiter einen Begriff (ein zusammengesetztes Hauptwort) und teilt diesen seiner Gruppe zeichnerisch mit. Das Gruppenmitglied, das den Begriff richtig erraten hat, holt sich den nächsten Begriff. Rateversuche dürfen vom Zeichner nur pantomimisch kommentiert werden.

Hinweise zum Spiel
Das Spiel ist besonders lustig und spannend mit lustigen Begriffen. Beispiele dafür finden sich beim Spiel „Begriffspantomime".

Zusatzregeln/Spielvariationen
Zwei Gruppen im Wettstreit: Jede Gruppe denkt sich für die andere Gruppe Begriffe aus, die beim Spielleiter abgegeben und dann wie oben bei ihm abgeholt und geraten werden müssen.

DENKEN/PROBLEMLÖSEN

Klasse, Aula, Hof, Wiese, Halle

Papier und Bleistift pro Gruppe

4 bis 6 pro Gruppe

offen

Literatur

Baer, Ulrich: 666 Spiele für jede Gruppe für alle Situationen. Seelze-Velber 1994

Caillois, Roger: Die Spiele und die Menschen. Maske und Rausch. Frankfurt am Main/Berlin/Wien 1982

Döbler, Erika und Hugo: Kleine Spiele. 19. völlig überarbeitete und erweiterte Auflage, Berlin 1994

Duderstadt, Matthias: Ästhetik und Wahrnehmung. In: Duderstadt, Matthias (Hrsg.): Kunst in der Grundschule. Fachliche und fächerintegrierende ästhetische Erziehung. Arbeitskreis Grundschule, Frankfurt am Main 1996

Emmenecker, Ingrid/Polzin, Manfred: Kinderspiele in der Grundschule. In: Die Grundschulzeitschrift, H. 70/1993, S. 22 – 25

Huizinga, Johan: Homo Ludens. Vom Ursprung der Kultur im Spiel. Hamburg 1956 (Reinbek bei Hamburg 1987)

Kükelhaus, Hugo/zur Lippe, Rudolf: Entfaltung der Sinne. Ein „Erfahrungsfeld" zur Bewegung und Besinnung. Frankfurt am Main 1982

Matthies, Klaus/Polzin, Manfred/Schmitt, Rudolf (Hrsg.): Ästhetische Erziehung in der Grundschule. Integration der Fächer Kunst/Musik/Sport. Arbeitskreis Grundschule, Frankfurt am Main 1987

Orlick, Terry: Kooperative Spiele. Herausforderung ohne Konkurrenz. Weinheim und Basel 1982

Polzin, Manfred (Hrsg.): Bewegung, Spiel und Sport in der Grundschule. Fachliche und fächerübergreifende Orientierung. Arbeitskreis Grundschule, Frankfurt am Main 1992